EMERGÊNCIA CLIMÁTICA

Matthew Shirts

EMERGÊNCIA CLIMÁTICA

O aquecimento global, o ativismo
jovem e a luta por um mundo melhor

EM PARCERIA COM
Greenpeace Brasil

COLEÇÃO
Tirando de Letra

claroenigma

Copyright © 2022 by Matthew Shirts

Parte da renda obtida com a venda desse livro será revertida ao Greenpeace Brasil. Conheça em detalhes os projetos no site <www.greenpeace.org.br> ou nas redes sociais @greenpeacebrasil.

Grafia atualizada segundo o Acordo Ortográfico da Língua Portuguesa de 1990, que entrou em vigor no Brasil em 2009.

CAPA
Mariana Bernd e Julia Paccola

ILUSTRAÇÃO DE CAPA
Bruno Algarve

PROJETO GRÁFICO
Ale Kalko

PREPARAÇÃO
Milena Varallo

CHECAGEM
Luiza Miguez

ÍNDICE REMISSIVO
Maria Claudia Carvalho Mattos

REVISÃO
Clara Diament e Thiago Passos

Dados Internacionais de Catalogação na Publicação (CIP)
(Câmara Brasileira do Livro, SP, Brasil)

Shirts, Matthew
   Emergência climática : O aquecimento global, o ativismo jovem e a luta por um mundo melhor / Matthew Shirts ; em parceria com Greenpeace Brasil. — 1ª ed. — São Paulo : Claro Enigma, 2022. (Coleção Tirando de Letra)

   ISBN 978-65-89870-13-5

   1. Aquecimento global 2. Ativismo 3. Clima – Mudanças 4. Ecologia – Aspectos sociais 5. Meio ambiente – Proteção I. Greenpeace Brasil. II. Título III. Série.

22-112045   CDD-363.738

Índice para catálogo sistemático:
1. Aquecimento global : Emergência climática : Problemas sociais   363.738

Eliete Marques da Silva – Bibliotecária – CRB-8/9380

[2022]
Todos os direitos desta edição reservados à
EDITORA CLARO ENIGMA
Rua Bandeira Paulista, 702, cj. 71
04532-002 — São Paulo — SP
Telefone: (11) 3707-3500
www.companhiadasletras.com.br
www.blogdacompanhia.com.br

SUMÁRIO

Prefácio	7
Para começo de conversa	11
Introdução	15

1.	Como sabemos que o mundo está esquentando?	19
2.	Os cientistas e os desafios de um acordo	29
3.	Brasil, potência ambiental	38
4.	O novo ativismo jovem	48
5.	Entre o norte e o sul	68
6.	Para onde vamos?	73
7.	É preciso transformar a Amazônia para salvá-la	91
8.	Para seguir e acompanhar	99

Referências bibliográficas	101
Sobre o livro e o autor	103
Índice remissivo	107
Créditos das imagens	115

PREFÁCIO

Escrevo estas linhas ainda sob o impacto da gigantesca tragédia que se abateu sobre a cidade de Petrópolis (RJ), no dia 15 de fevereiro de 2022. As notícias trazem as histórias das centenas de pessoas que perderam a vida e mostram, por meio de drones e gráficos animados, as encostas que vieram abaixo, o "antes" e o "depois" dos bairros mais atingidos. O volume de chuvas em três horas assusta, e buscamos explicações dos meteorologistas.

Diante do horror, é difícil dar um passo para trás e pensar no que poderia ter sido feito para evitar tantas mortes. Mas é imprescindível que localizemos essas tragédias em um contexto maior, que certamente nos permitirá evitar outras catástrofes. E esse contexto diz respeito aos extremos climáticos provocados pelo aquecimento global.

Eu não me lembro bem quando foi a primeira vez em que ouvi o termo "aquecimento global". Talvez tenha sido ali no final da década de 1980, quando — ainda criança — comecei a me interessar pela questão do meio ambiente ao ver na televisão o mundo discutir medidas para reduzir o buraco na camada de ozônio.

Durante muitos anos, o aquecimento global foi conversa de cientista e ambientalista, e pouca gente se interessava de verdade pelo tema. A sensação geral era de que, se algo realmente acontecesse, certamente não seria na nossa geração. Talvez na dos nossos netos?

Sou formada em comunicação, e sempre penso na nossa responsabilidade (a dos comunicadores) sobre tudo isso. Como explicar o que está acontecendo de um jeito simples mas fiel aos dados apresentados pela ciência? Como dizer que, sim, temos um problemão a ser enfrentado ainda por essa geração sem causar paralisia ou desalento? Como fazer tudo isso nadando contra a maré de fake news que invade as redes sociais, o YouTube, o WhatsApp e até mesmo nossas interações ao vivo?

Este livro nos ajuda a entender como chegamos até aqui. O que a ciência nos diz, por que a situação chegou a esse ponto e como podemos sair dessa grande armadilha em que nos enfiamos. Um spoiler: o caminho da saída passa por cobranças efetivas (e barulhentas, sempre que necessário!) para que nossos líderes assumam compromissos reais, decisivos e mensuráveis que nos coloquem em um outro trilho de desenvolvimento, diferente daquele em que estamos hoje.

O caminho passa, também, por abrirmos espaço para as juventudes liderarem a conversa sobre que mundo é esse em que elas querem viver. Tenho sido muito inspirada por jovens brasileiros — como Txai Suruí (@txaisurui), Samela Sateré-Mawé (@sam_sateremawe), Marcelo Rocha (@nosmarcelorocha) e Amanda Costa (@souamandacosta) — que compartilham insistente e corajosamente o que é necessário para encontrar esse outro trilho.

Que este livro te ajude a entender melhor o que está acontecendo e te apresente aos nomes, siglas e conceitos que te ajudarão a navegar daqui em diante. Que ele também te inspire a seguir lideranças que estão fazendo diferente e propondo soluções, e que ajude a encontrar os seus próprios caminhos de ação e mobilização. Boa leitura!

Carolina Pasquali
Diretora Executiva do Greenpeace Brasil

PARA COMEÇO
DE CONVERSA

Para iniciar, quero explicar dois termos essenciais para este livro, e que serão repetidos ao longo dos capítulos.

AQUECIMENTO GLOBAL

É o aumento da temperatura média da Terra, medida pela Administração Nacional da Aeronáutica e Espaço dos Estados Unidos (Nasa), pela Agência Meteorológica do Japão (JMA), pela Administração Nacional Oceânica e Atmosférica norte--americana (NOAA) e pelo Met Office do Reino Unido. Essa média é calculada e divulgada pelo Painel Intergovernamental sobre Mudanças Climáticas (IPCC).

Por que tantas agências se dedicam à mesma tarefa? Embora o conceito de temperatura média da Terra — que nos dias de hoje gira em torno de 15ºC — seja simples de entender, medi-la não é fácil. As quatro agências, cada uma com milhares de medidores, fazem leituras de termômetros localizados em diferentes pontos ao redor do planeta; na terra firme, no mar e no ar. Para isso utilizam navios, boias no oceano e até satélites, chegando a resultados muito parecidos.

Mas por que quatro? A questão da verdadeira temperatura da Terra é importante demais para o futuro da humanidade — é a nossa sobrevivência que está em jogo! — para deixá-la como responsabilidade de apenas uma organização. Precisamos ter certeza de que a temperatura está subindo e, se estiver, em quantos graus, para saber quais providências devem ser tomadas.

O cálculo do aumento da temperatura global é feito por meio de uma média da temperatura medida ao longo dos anos — ou seja, chega-se a um número que fica entre as maiores e menores medições. Isso é feito desde o século XIX,

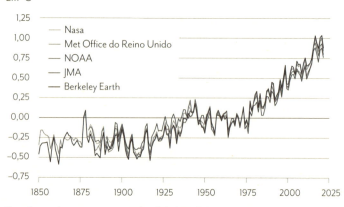

Correlação da temperatura média global medida por cinco agências científicas diferentes a partir de 1850. Além das já citadas, o gráfico também inclui as medições do Berkeley Earth, uma organização sem fins lucrativos dos Estados Unidos focada em dados ambientais.

FONTE: Wikipedia Commons. Disponível em: <bit.ly/3Gn7TJI>. Acesso em: 26 maio 2022.

e o fato de as quatro agências chegarem a resultados parecidos mesmo utilizando métodos diferentes é um bom indicador. Significa, também, que não há como duvidar do aumento constante da temperatura global ao longo das últimas décadas. O aquecimento global, enfim, é um fato.

MUDANÇA CLIMÁTICA

É o que resulta do aquecimento global. São as secas mais prolongadas, as ondas de calor mais frequentes e mortíferas, as chuvas mais intensas, os furacões de maior desenvoltura e mais lentos, entre outros fenômenos extremos. Até algumas ondas de frio, dentro e fora do Brasil, são hoje explicadas pelos cientistas como consequência do aquecimento global.

A mudança climática é o resultado de uma quantidade maior de energia solar capturada por gases de efeito estufa no globo terrestre, e explicaremos como isso funciona em detalhes mais adiante.

INTRODUÇÃO
O NOSSO FUTURO

Pare um instante e imagine se você soubesse de antemão tudo o que aconteceria em 2020: a pandemia de covid-19, a crise econômica, as mortes e os hospitais abarrotados, o distanciamento social, o sofrimento obsceno dos doentes. "Soubesse quanto tempo antes?", você me pergunta. Digamos que um ano, dois, ou, quem sabe, até mesmo dez.

O que você faria com o tempo anterior à crise? Como agiria diante da certeza de que, mais cedo ou mais tarde, chegaria o dia que transformaria tudo? Compraria um estoque de álcool gel e máscaras? Avisaria os parentes, os amigos e a sociedade, mesmo correndo o risco de ouvir risadas em resposta?

É difícil pensar nisso, não?

Pois é exatamente essa a situação dos cientistas do clima, que dedicam a vida para entender o que acontece com o sistema climático do planeta Terra. Assim como os médicos, os cientistas e os estudiosos de pandemias, os climatologistas sabem que nossa vida vai mudar. E sabem disso há décadas, embora não tenham certeza de quando exatamente vai acontecer. Mas já viram os primeiros sintomas.

De fato, os anos de 2015 a 2019 foram os mais quentes da história. Isso é perigoso? Sim, e muito, porque é cumulativo. E só vai piorar. A má notícia é que os estudiosos do clima já chegaram à conclusão de que não é mais possível evitar os impactos de uma grande crise no mundo inteiro: os furacões serão cada vez mais fortes e perigosos; as chuvas e as secas, mais intensas. O nível do mar vai subir e começar a invadir cidades ao redor do planeta, como Nova York, Recife, Rio de Janeiro, Miami e Santos. No estado da Flórida, nos Estados Unidos, algumas cidades já inundam regularmente. A temperatura média da Terra continuará a aumentar e não deve parar tão cedo — talvez nunca pare, aliás, se nós, a humanidade, não tomarmos providências.

A boa notícia é que cientistas, engenheiros e ativistas do mundo todo já têm muitas soluções e ideias para evitar o pior.

Usina termelétrica movida a carvão mineral próxima à cidade de Bobov Dol, na Bulgária, em operação há mais de quarenta anos.

Muitos daqueles que já anteviam esse futuro preocupante vêm se dedicando, ao longo das últimas décadas, a montar planos para enfrentá-lo.

O primeiro passo que deve ser dado em escala global e, de longe, o mais urgente é parar o quanto antes a queima dos chamados combustíveis fósseis: carvão mineral, petróleo, gasolina, gás natural (fóssil) e óleo diesel. São eles os principais responsáveis pelos gases de efeito estufa que estão aquecendo o ar, os mares e todo o sistema climático do nosso planeta. Comer menos carne ajudaria também, bem como plantar mais árvores. No Brasil, o mais importante é preservar a floresta Amazônica.

POR QUE NÃO DISSERAM ANTES?

Nós fomos avisados! E por diversas frentes, como também veremos mais adiante. Essa crise é cantada em verso e prosa nos filmes e na mídia há décadas. Em 1988, James Hansen, então diretor do Goddard Institute for Space Studies da Nasa, já se convencera, junto a outros cientistas do clima, do perigo dos gases de efeito estufa para o futuro da humanidade, e resolveu levar o problema para o Congresso dos Estados Unidos. Sua apresentação para os congressistas ganhou as manchetes dos principais jornais dos Estados Unidos, estam-

O nome deste cientista merece ser guardado. É uma grande figura. Hoje, usa um chapéu "fedora", parecido com o do arqueólogo fictício Indiana Jones, e já foi preso mais de uma vez ao se acorrentar à cerca da Casa Branca em protestos contra a crise do clima.

pando inclusive a primeira página do *New York Times*. Ele mostrou, com base em diversos estudos, que a Terra estava esquentando, insistiu que essa não era uma boa notícia e que isso colocava a civilização humana em perigo.

Mas aqueles que detêm o poder e são capazes de tomar medidas contra a crise do clima não quiseram — e, às vezes, ainda não querem — ouvir ou fizeram pouco-caso do anúncio. Muitos políticos, como por exemplo o ex-presidente estadunidense Donald Trump, que retirou os EUA do tratado de Paris contra o aquecimento global, e o presidente Jair Bolsonaro, do Brasil, tentam ainda hoje negar a existência da crise climática, da mesma maneira que fizeram quando a covid-19 se manifestou. Acabaram ficando conhecidos como "negacionistas".

Eles e outros negacionistas são muitas vezes financiados pelas indústrias de carvão, petróleo e gás, direta ou indiretamente. Essas indústrias, as principais responsáveis pelo aquecimento global, gastaram bilhões de dólares na produção de desinformação, de notícias falsas, de campanhas políticas e de pesquisas duvidosas. Todo o dinheiro foi investido para fazer com que você, seus parentes e seus amigos duvidassem da gravidade da crise do clima.

Infelizmente, a crise climática já começou a mostrar seu poder devastador. Não se mexe com o clima terrestre impunemente. Os cientistas sabem disso. Chegou a hora — já passou da hora, aliás — de ouvi-los.

1

COMO SABEMOS QUE O MUNDO ESTÁ ESQUENTANDO?

Em abril de 2016, cientistas de diferentes lugares foram convocados pelas Nações Unidas, mais especificamente pelo Painel Intergovernamental sobre Mudanças Climáticas (IPCC), o braço da ONU que estuda o clima, para se reunirem em Nairóbi, a maior cidade da África oriental e capital do Quênia. O objetivo do encontro era discutir a possibilidade de elaborar um relatório de emergência em torno das medidas que precisavam ser tomadas para evitar que a temperatura média da Terra aumentasse mais que 1,5ºC.

Parece filme, eu sei. Mas não é. Essa média já havia aumentado cerca de 1,1ºC em relação às temperaturas anteriores à Revolução Industrial, iniciada no século XVIII.

A ideia de convocar os cientistas para uma reunião extraordinária surgiu porque em 2015 a ONU havia orquestrado um acordo mundial para evitar o aumento da temperatura da Terra para além de 2ºC até 2100, alertando que em pouco tempo muitas pessoas estariam em risco. Então, um ano depois, os pesquisadores começaram esse delicado trabalho de reavaliar os possíveis perigos, sugerir medidas para comunicá-los ao público e enfrentá-los de forma mais agressiva.

Temperatura média da superfície terrestre
Diferença em °C na média entre os anos 1901 e 2000

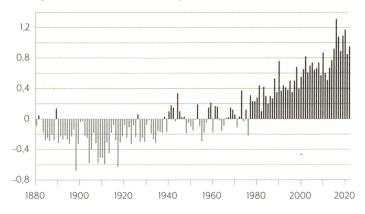

Temperatura anual da superfície terrestre em comparação à média do século XX de 1880 a 2020. As barras cinza indicam anos mais frios que a média; as pretas mostram anos mais quentes. Por meio deste gráfico, é possível notar que 2020 foi o segundo ano mais quente desde o início das medições.

FONTE: Administração Nacional Oceânica e Atmosférica dos Estados Unidos (NOAA). Disponível em: <bit.ly/3NDRnYg>. Acesso em 26 maio 2022.

O grande problema do aumento de temperatura terrestre gerado pelo aquecimento global é que ele é cumulativo, ou seja, não decresce. Ou melhor, leva séculos para voltar aos patamares "naturais" anteriores à Revolução Industrial. Havia pressa, em 2016, como há ainda hoje.

Atualmente, é fato acordado entre os cientistas que o aquecimento resulta da emissão, ao longo dos últimos dois séculos, dos chamados gases de efeito estufa: dióxido de carbono (CO_2), metano (CH_4), óxido nitroso (N_2O), hexafluoreto de enxofre (SF_6) e duas outras famílias de gases, hidrofluorcarbono (HFC) e perfluorocarbono (PFC).

Desde o fim do século XVIII, a humanidade tem provocado o aumento da concentração de CO_2, o principal gás de efeito estufa, na atmosfera, um processo que vem se acelerando muito nas últimas décadas. O CO_2 é um gás natural, inodoro e transparente que se encontra naturalmente na atmosfera. É, inclusive, necessário para a manutenção da vida no planeta Terra. Árvores e plantas consomem CO_2, que utilizam no processo de crescimento, e exalam oxigênio. Animais e humanos inalam oxigênio e exalam CO_2. Tudo isso faz parte de um processo natural que recicla CO_2 e o carbono, um dos seus componentes, por quase todos os sistemas naturais e geológicos da Terra há muitos milhões de anos.

A encrenca começa quando nós, humanos, resolvemos buscar o carbono gerado pela decomposição de dinossauros, plantas e árvores pré-históricas e guardado debaixo da terra na forma de petróleo e carvão para usar como fonte de energia. A princípio, no século XVIII, parecia uma ótima ideia. A quantidade de energia gerada (primeiro) pela queima de carvão e (depois) pela combustão do petróleo foi o que nos permitiu criar a Revolução Industrial e uma riqueza material e tecnológica nunca antes vista. O carvão possibilitou a fabricação de aço e foi amplamente utilizado na geração de eletricidade; derivados do petróleo fizeram automóveis andar, trens atravessarem países e aviões ganharem os céus, além de serem utilizados na fabricação de plásticos, para dar alguns exemplos significativos.

De lá para cá, descobrimos que muitas atividades humanas, sobretudo as industriais, as de maior impacto como o desmatamento das florestas — já que as árvores são reservatórios de carbono — e a queima de carvão e petróleo, lançam na atmosfera CO_2 e outros gases que, quando acumulados, a aquecem, e a este fenômeno se deu o nome de "efeito estufa".

Entre os outros gases de efeito estufa está o metano, o CH_4. O metano entra na atmosfera por meio da extração de gás natural do subsolo e da sua queima, da queima de petróleo e da pecuária — a criação de gado em grande escala. Hoje, por exemplo, há mais de 1,5 bilhão de bois no planeta e seus arrotos e flatulências contribuem com uma emissão significativa de metano.

Embora o impacto desse gás seja intenso, o seu ciclo de dispersão é mais curto, permanecendo na atmosfera por menos tempo que o CO_2. Em média, calcula-se que o CO_2 emitido por combustíveis fósseis e no processo de desmatamento seja responsável por 75% do aquecimento global. O metano

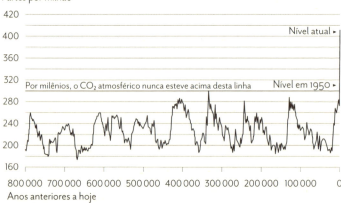

Este gráfico mostra como a concentração de dióxido de carbono na atmosfera terrestre encontra-se em um nível muito mais alto do que o natural, com aumento mais intenso registrado a partir de 1950, graças à queima de combustíveis fósseis.

FONTE: NASA Global Climate Change. Disponível em: <go.nasa.gov/3IICUhP>. Acesso em: 26 maio 2022.

fica com 16% da conta. Os 9% restantes são gerados por atividades mais cotidianas do homem, como o uso de automóveis para se locomover. Essas e todas as fontes humanas são chamadas "antropogênicas". Existem outras formas de contabilizar as fontes de gases de efeitos estufa, mas o total emitido é o mesmo.

Há um movimento entre os cientistas, inclusive, para chamar o nosso período de "o Antropoceno", a época geológica criada pelo ser humano.

Ao todo, contabilizamos um aumento de aproximadamente 45% de CO_2 na atmosfera: de 280 partes por milhão (ppm), no início do século XVIII, para 415 ppm, em 2021, e um aumento da temperatura média de 1,1°C — o que pode parecer pouco, mas tem um impacto forte no clima terrestre.

VOCÊ SABIA?

Sem os gases que provocam o efeito estufa, cuja emissão também ocorre na natureza sem a intervenção humana, a temperatura média da Terra seria de −18°C, um clima bem diferente dos 15°C de hoje. Ou seja, quando estão na quantidade certa na atmosfera terrestre, os gases de efeito estufa nos mantêm vivos e relativamente quentinhos. Sem eles, dificilmente haveria vida por aqui — ou, no mínimo, ela seria bem menos animada.

DESDE QUANDO SABEMOS QUE ISSO ESTÁ ACONTECENDO?

De acordo com reportagens investigativas publicadas recentemente, como a veiculada pelo *The Guardian*,[1] as empresas de petróleo e gás sabiam que seus produtos aumentariam a temperatura da Terra desde, pelo menos, a década de 1970, e financiaram alguns dos estudos mais completos sobre o aquecimento global.

A empresa de petróleo Exxon fez uso, inclusive, do seu maior navio, o *Esso Atlantic* , uma das sete embarcações do mundo com mais de meio milhão de tonelada, para realizar estudos sobre o impacto que a emissão de CO_2 proveniente da queima de combustíveis fósseis causa no ar e nos oceanos. O *Esso Atlantic* foi equipado especialmente para essa finalidade, mas as empresas petrolíferas não divulgaram os resultados das pesquisas. Preferiram o silêncio à possibilidade de prejudicar a imagem dos seus produtos. Sabiam que estavam colocando o mundo em perigo, mas preferiram garantir o lucro a discutir o risco com o restante da população.

É verdade que, nos anos 1970, ainda não havia alternativas práticas aos combustíveis fósseis. Mas, se as empresas de energia bilionárias tivessem investido em tecnologias limpas na época em vez de camuflar e ignorar os perigos revelados por suas próprias pesquisas, a história da energia renovável e menos poluente — como a solar e a eólica — talvez fosse diferente.

A boa notícia é que hoje existem alternativas viáveis à gasolina e ao carvão, e os estudiosos concordam que a eletricidade é uma das chaves para o combate à crise do clima. Isso porque a energia elétrica já pode ser produzida em grande escala, na quantidade exigida pelas sociedades modernas, por meio de tecnologias que não emitem gases de efeito estufa.

Logo, um dos primeiros passos na luta contra o aquecimento global é converter tudo que atualmente é proveniente da queima de combustíveis fósseis, como veículos a gasolina e fogões a gás, para fontes de energia elétrica. Como escreve David Roberts, jornalista especializado no assunto, no site da Vox: "A necessidade da eletrificação é clara e bem entendida por parte dos especialistas, mas não sei se o grande público sabe disso. O consenso dos estudiosos a esse respeito é um pouco recente".[2]

Eletrificar é uma das principais metas dos estudiosos e ativistas do clima no mundo todo, mas é importante terem em mente que não adianta fazer isso se o uso de energia fóssil continuar. Atualmente, já existem carros e ônibus elétricos com grande autonomia, baterias gigantes capazes de regular o fornecimento para casas e indústrias, e outras soluções para a crise do clima muito avançadas e disseminadas.

E QUEM ESTÁ CUIDANDO DISSO?

Em 1988, mesmo ano em que James Hansen apresentou ao Congresso estadunidense os perigos do aquecimento global, o Programa das Nações Unidas para o Meio Ambiente se juntou à Organização Meteorológica Mundial (OMM), e juntos criaram a Intergovernmental Panel on Climate Change (IPCC) ou, em português, o Painel Intergovernamental de Mudança Climática, aquele mesmo que convocou a reunião de emergência dos cientistas em Nairóbi. Esse órgão é dedicado a monitorar com a melhor precisão possível a evolução da temperatura terrestre e estudar o clima do nosso planeta. O IPCC conta com 195 países-membros, entre eles o Brasil.

O PADRÃO-OURO DA CIÊNCIA DO CLIMA: O IPCC

Quando a ONU convocou, em 2016, os cientistas para a reunião excepcional em Nairóbi, estava chamando, na verdade, o IPCC, o órgão número um quando se trata de crise climática. Desde 1988, sua importância só cresce. Hoje, a organização conta com a colaboração de milhares de cientistas do mundo todo, muitos deles brasileiros, inclusive. Há décadas, os relatórios do IPCC são considerados o "padrão-ouro" da ciência do clima. Acho impossível exagerar a sua importância. E não sou o único.

Em 2007, o cobiçadíssimo prêmio Nobel da Paz foi dado ao IPCC "pe-

Entre os brasileiros que já contribuíram para os relatórios do IPCC estão Carolina Dubeux, especialista em planejamento energético da Universidade Federal do Rio de Janeiro, o biólogo Marcos Buckeridge, da Universidade de São Paulo, o médico especialista em impactos das mudanças climáticas na saúde Ulisses Confalonieri, da Fiocruz, o físico e professor emérito e titular da Universidade Federal do Rio de Janeiro Luiz Pinguelli Rosa, que faleceu em março de 2022, a engenheira e professora da mesma instituição Suzana Kahn Ribeiro, a ecóloga e professora titular da Universidade de Brasília Mercedes Bustamante, a matemática Thelma Krug, do Instituto Nacional de Pesquisas Espaciais (Inpe), o climatologista Carlos Nobre, também do Inpe, e o físico Paulo Artaxo, da Universidade de São Paulo, para listar apenas alguns, de áreas distintas. A lista completa é bem mais extensa.

los esforços feitos para construir e disseminar um conhecimento maior a respeito da mudança climática gerada pelo homem e também montar a fundação necessária para combater essa mudança".[3] Já vi o prêmio. Há um exemplar dele enquadrado na parede do físico brasileiro e membro do IPCC Paulo Artaxo, em sua sala no Instituto de Física da Universidade de São Paulo.

O IPCC é essencial por um motivo simples: nós — que, neste caso, significa os governos, os técnicos, os intelectuais e boa parte da opinião pública mundial — precisamos concordar sobre o que está acontecendo com o clima para remediar a situação da melhor forma possível, e esse assunto, como você provavelmente já percebeu, é um fenômeno complexo, que gera muita discussão. Envolve raios solares, correntes marítimas, a órbita do nosso planeta, gases de difícil medição, gelo polar, florestas, interesses econômicos — ou seja, muito dinheiro —, frequências de luz, camadas da atmosfera etc. Por isso, uma instituição com a autoridade científica necessária para estabelecer o que está de fato acontecendo com o clima terrestre é tão importante.

O IPCC não faz pesquisas, mas reúne e analisa todas as pesquisas feitas ao redor do mundo. Em outras palavras, ele avalia a melhor ciência realizada no planeta e elabora seus próprios relatórios científicos a partir disso. É uma curadoria

> Os milhares de membros do IPCC dividiram o prêmio com Al Gore, vice-presidente dos Estados Unidos durante o governo de Bill Clinton (1993-2001) e militante histórico contra o aquecimento global. Em 2006, Gore havia participado do documentário, ganhador do Oscar, *Uma verdade inconveniente*, obra de grande importância no já longo caminho de lutas contra a mudança climática.

de altíssimo nível científico, que nos diz o que se sabe e o que não se sabe. Seus relatores, escolhidos pelos pares e pelos governos nacionais, estão entre os estudiosos mais destacados do mundo. São eles e elas físicos, climatologistas, matemáticos, ecologistas, oceanógrafos, economistas, cientistas sociais — especialistas, enfim, de áreas relevantes a respeito da evolução do clima terrestre e de seus impactos sobre a humanidade e a natureza.

2

OS CIENTISTAS E OS DESAFIOS DE UM ACORDO

No seu primeiro relatório, lançado em 1990, o IPCC afirmou que os cientistas têm certeza de que os gases de efeito estufa emitidos por atividades humanas estão esquentando sensivelmente a temperatura média da Terra e previu um aumento da ordem de 0,3ºC por década se nada fosse feito para conter as emissões.

Veja bem: isso só ocorreu em 1990. A previsão de aquecimento entre 1970 e 2016 foi de 1ºC. O aumento de temperatura média que aconteceu de fato foi de 0,85ºC. Ou seja, de acordo com a organização Carbon Brief, o IPCC se equivocou por 17%. Não vou entrar em detalhes, mas a verdade é que acertaram muito mais, já naquela época, do que erraram. A temperatura andou na direção que previram mas a uma velocidade um pouco mais lenta.

Em 1992, uma atualização do relatório foi publicada. A ONU pretendia reunir todos os países do mundo no Rio de Janeiro para tentar elaborar um tratado de combate ao aquecimento global (denominado Convenção-Quadro das Nações Unidas sobre a Mudança do Clima, UNFCCC na sigla em inglês) e queria ter certeza de que nada de substancial havia mudado no entendimento da ciência do clima desde 1990.

Os pesquisadores confirmaram que ainda estava valendo o que haviam dito anteriormente: as atividades humanas — queima de carvão e petróleo, desmatamento e pecuária extensiva — estavam mesmo aquecendo a Terra.

A reunião no Rio de Janeiro, conhecida no Brasil como Rio-92, e, no resto do mundo, como ECO-92 ou Rio Earth Summit, sobre a qual falaremos com mais detalhes no próximo capítulo, reuniu mais de cem chefes de Estado, que concordaram em combater a poluição do ar e da água, promover o desenvolvimento sustentável e tomar medidas para conter o aquecimento global. Embora compreendido e aceito pelas autoridades, àquela altura o aquecimento não parecia ser um perigo iminente.

O *Rainbow Warrior*, navio histórico do Greenpeace, na Rio-92. No cartaz se lê: "ECO-92: Não se venda".

Mas, a cada relatório do IPCC, o alarme soava com mais insistência. O segundo, de 1996, forneceu as bases para o Protocolo de Kyoto, criado em 1997. O terceiro, lançado em 2001, adiantou que o aumento da temperatura média da Terra poderia ser bem mais alto do que se pensara até então. No quarto, de 2007, o IPCC deixou claro que não havia dúvida de que o aquecimento global é causado pelo homem e já estava gerando impactos em ecossistemas mundo afora.

O quinto relatório, publicado em 2014, frisou que os níveis dos gases de efeito estufa eram os mais altos já registrados e deu a base científica para o histórico Acordo de Paris, de 2015, assinado por todos os 197 países. Nele, os líderes mundiais se comprometeram com metas de redução de gases de efeito estufa capazes de manter o aquecimento médio da Terra abaixo de 2°C (e, se possível, abaixo de 1,5°C) em comparação com o período pré-Revolução Industrial, ao menos em tese. O Acordo de Paris, como é chamado, foi uma grande vitória para a ONU, o IPCC, a ciência e a humanidade. O fim do encontro, no dia 12 de dezembro, quando o acordo foi anunciado, causou comoção a muitas pessoas. Alguns dos presentes haviam dedicado boa parte da vida a isso. Pela primeira vez, havia algo concreto demonstrando que era possível consolidar um pacto mundial para enfrentar a maior ameaça da história à humanidade.

Para quem, como eu, havia assistido a negociações de reuniões de clima da ONU, o de Paris parecia um milagre. Cada palavra do acordo foi escri-

> O Protocolo de Kyoto, a primeira tentativa de acordo em 1997, foi rejeitado pelos Estados Unidos, àquela época o maior emissor de gases de efeito estufa, durante a administração de George W. Bush.

ta a 394 mãos, o que significa que se um único país discordasse de uma frase — ou mesmo de uma palavra — ela precisava ser rediscutida. O processo foi lento, cansativo e estressante. Imagine as diferenças de perspectiva entre, por exemplo, Costa Rica e Arábia Saudita, Rússia e China, Brasil e Canadá, sem falar dos Estados Unidos. Mas conseguimos.

A humanidade fez um acordo em que cada país se comprometia a diminuir progressivamente as suas próprias emissões de gases de efeito estufa, e isso foi um ponto de partida de suma importância. A meta anunciada não era o acordo sonhado pelos ativistas, muito menos rigoroso do que eles pretendiam, mas mostrou que a humanidade conseguia trabalhar em conjunto e chegar a um consenso sobre um assunto complexo. É um marco na nossa história. Posso garantir que no futuro será muito lembrado.

Mas em Paris já ficara claro que as consequências de 2°C de aquecimento poderiam ser devastadoras em alguns países. Ilhas como Kiribati, Vanuatu e Marshall vão deixar de existir se a mudança climática não for freada no futuro mais próximo possível. Os moradores dessas ilhas lutam nas conferências do clima pelo direito de existir.

O que ameaça as ilhas oceânicas é a subida dos níveis dos mares, que ocorre por dois motivos. Primeiro porque temperaturas mais altas derretem geleiras terrestres gigantescas em lugares como Groenlândia e Antártica, e a água escorre para os oceanos, enchendo-os. Em segundo lugar, a água quente ocupa mais espaço, pois suas moléculas se movimentam mais. Esse volume maior de água afetará a vida em muitas cidades costeiras, mas o problema é mais grave nas ilhas oceânicas de baixa elevação, que correm o risco de ser totalmente cobertas.

Acúmulo do CO_2 atmosférico versus mudança na temperatura global
Partes por milhão

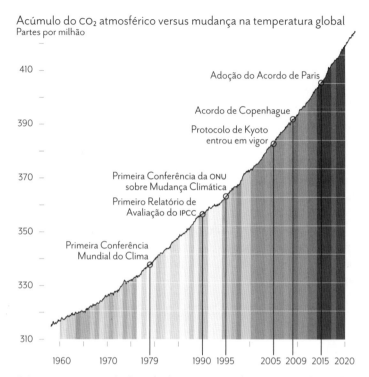

Relação entre o acúmulo de gás carbônico na atmosfera em ppm ao longo dos anos e os eventos climáticos/ as tentativas de se chegar a um acordo global.

FONTE: Sustentio, com dados colhidos da Administração Nacional Oceânica e Atmosféria (NOAA). Disponível em: <bit.ly/3GkMBfC>. Acesso em: 26 maio 2022.

Por isso a pressa em saber o que fazer para preservar as geleiras e se haveria uma diferença significativa entre os impactos provocados pelo aquecimento de 2°C ou 1,5°C. Lembre-se de que quando falamos no aumento de 2°C, 1,5°C ou até 3°C não estamos começando do zero: já acumulamos cerca de 1,1°C de aquecimento desde a Revolução Industrial.

O RELATÓRIO ESPECIAL DE AQUECIMENTO GLOBAL DE 1,5°C

Voltando a Nairóbi, os cientistas lá reunidos em 2016 aceitaram o desafio da ONU e trabalharam para responder a algumas perguntas. As mais importantes foram:

1) É possível manter o aquecimento abaixo de 1,5°C?
2) Em caso positivo, o que é preciso fazer para que isso aconteça?
3) Entre 1,5°C e 2°C há muita diferença em termos de impacto no planeta?

Esse esforço enfim resultou no Relatório Especial de Aquecimento de 1,5°C, que só foi lançado mundialmente dois anos depois, em setembro de 2018, na Coreial do Sul, trazendo as seguintes respostas:

1) Sim, é possível manter o aquecimento abaixo de 1,5°C, ao menos teoricamente.
2) Para que isso aconteça, é preciso cortar as emissões de gases de efeito estufa em 45% de 2010 até 2030 e zerar as emissões até 2050.
3) Sim, os impactos são bem menores se a temperatura subir 0,5°C a menos. Hoje está claro que cada 0,1°C de aquecimento evitado faz diferença, tornando o clima mais estável e menos perigoso para os humanos. A luta contra a mudança do clima não é "tudo ou nada".

Estou contando a história desse relatório não apenas porque é um dos mais recentes, mas também por ser mais direto, claro e urgente que os anteriores do IPCC. Por anunciar seus resultados de forma mais direta, ele teve grande impacto nos movimentos sociais pelo clima.

Os relatórios anteriores do IPCC não diziam nada de muito diferente deste — os seus milhares de cientistas vêm afirmando mais ou menos a mesma coisa há trinta anos —, mas as informações haviam sido apresentadas de forma mais técnica e com mais cautela, oferecendo previsões de possíveis futuros baseados em cálculos quase inacessíveis aos leigos. Essa cautela é uma característica da ciência. Afinal, chamaram os cientistas para prever o futuro, e eles fizeram o melhor possível com o imenso conhecimento a seu dispor.

Hoje está provado que, para salvar vidas, preservar ecossistemas e manter um sistema climático parecido com o que conhecemos nos séculos passados, é preciso começar já. Com o relatório, o aquecimento deixou de ser algo a ser combatido a médio e longo prazos e se tornou, oficialmente, e com o endosso da melhor ciência mundial, uma emergência. Mudou-se o tom.

Quando o relatório foi publicado, havia ainda doze anos para cumprir a meta de reduzir as emissões de gases de efeito estufa em 45%. Em 2022, enquanto escrevo estas linhas, temos menos de uma década de prazo para evitar impactos climáticos trágicos.

A primeira parte do sexto relatório, publicado em agosto de 2021 pelo IPCC, confirma os dados e a pressa das pesquisas anteriores. Nela, os cientistas deixa-

> Os pesquisadores não têm bola de cristal. Eles conseguem fazer simulações sofisticadas do futuro climático da Terra graças aos conhecimentos científicos e à capacidade de processamento dos supercomputadores. Mas prever é difícil, sobretudo o futuro, como dizia Niels Bohr, físico dinamarquês ganhador do prêmio Nobel de 1922.

Ativistas do Greenpeace no Leste Asiático exibem uma faixa com a mensagem "Ainda há esperança. Ação climática já!", quando o IPCC divulgou seu relatório especial de 1,5°C em Incheon, Coreia do Sul.

ram claro que o aquecimento já ultrapassa 1°C, e os impactos são visíveis nos eventos climáticos extremos, como secas, furacões, ondas de calor e tempestades de chuva muito fortes, apelidados de "bombas".

TEMPO NÃO É CLIMA

Todo mundo tem o direito de dar palpites sobre o tempo. Gosto de discuti-lo com motoristas de aplicativo ou taxistas, por exemplo. É um assunto comum que tange a todos, sem risco de gerar conflito — ao contrário de política ou do Corinthians. Mas clima não é a mesma coisa que tempo, é muito mais complexo. Clima é o conjunto de condições que caracterizam uma região. Os modelos utilizados pelos cientistas para estudar a evolução do clima terrestre ao longo do tempo levam em conta as temperaturas dos oceanos e da superfície terrestre, além de padrões de circulação atmosférica e oceânica, processos terrestres, como a absorção de CO_2 pelas florestas e pelos solos, e a criosfera, composta das geleiras. Ou seja, para ter uma opinião relevante a respeito do passado e do futuro do clima, é preciso ter conhecimento científico.

É POSSÍVEL REDUZIR 45% DA EMISSÃO DE GASES DE EFEITO ESTUFA ATÉ 2030?

Sim, é possível, pelo menos teoricamente. Mas a verdade é que não vai ser fácil.

Antes da pandemia, as emissões vinham aumentando todos os anos desde que começaram a ser medidas, em 1958, pelo lendário climatologista Charles David Keeling no observatório de Mauna Loa, no Havaí.

Nessa época, Keeling era um estudioso no Instituto de Tecnologia da Califórnia (que serviu de inspiração para o seriado The Big Bang Theory) e buscava um ponto de coleta de amostras da atmosfera sem interferências locais (longe de fábricas ou automóveis, por exemplo, que emitem CO_2). O pesquisador estabeleceu o observatório a 3397 metros de altitude na ilha do Havaí, no meio do oceano Pacífico. Lá, ele capturava amostras da atmosfera e analisava-as nos laboratórios do Instituto de Tecnologia da Califórnia. A primeira coleta, do dia 29 de março de 1958, registrou 313 partes por milhão (ppm) de CO_2 na atmosfera. Hoje é possível acompanhar on-line em <esrl.noaa.gov>, com direito a gráficos, sequências temporais e câmeras ao vivo. No fim de 2021, o nível de CO_2 medido na mesma estação no Havaí havia subido para 416 ppm, bem acima do máximo considerado seguro para a humanidade (em torno de 350 ppm).

3

BRASIL, POTÊNCIA AMBIENTAL

Os jovens que estão lendo este livro hoje, durante o governo de Jair Bolsonaro, ou mesmo depois, talvez se surpreendam com a afirmação de que o Brasil já foi uma potência ambiental que chegou a se destacar entre as nações do mundo na luta contra as mudanças climáticas. Acredite, nas primeiras décadas do século XXI, o país teve um papel de liderança no cenário internacional de combate às mudanças do clima.

Como mencionamos, a primeira grande reunião mundial da ONU voltada ao meio ambiente e ao desenvolvimento sustentável, com a presença de cem chefes de Estado, aconteceu, inclusive, no Rio de Janeiro, em 1992. Foi um momento histórico muito bonito. Decidiu-se fazê-la no Brasil por conta das ameaças à floresta Amazônica. Sim, já naquela época, sabia-se da ligação das florestas, sobretudo as tropicais, com a estabilidade do clima. As críticas ao desmatamento na região, promovido pela ditadura militar brasileira em nome do desenvolvimento, nas décadas de 1970 e 1980, geraram uma reação na opinião pública mundial, de acordo com o diplomata André Corrêa do Lago.

A Rio-92 foi o primeiro momento em que ficou claro, para além dos círculos científicos, que alguma coisa significativa acontecia com o clima terrestre. Foi a partir daí que se começou a falar mais abertamente em "desenvolvimento sustentável", um conceito elaborado alguns anos antes do encontro, no chamado relatório Brundtland, intitulado "Nosso futuro comum", capitaneado pela ex-primeira-ministra da Noruega, Gro Harlem Brundtland, e publicado em 1987.

A Rio-92 surfou na onda de otimismo provocada pelo sucesso do Protocolo de Montreal, um acordo planetário de 1987, que tinha como objetivo controlar o uso de substâncias químicas (clorofluorcarboneto, clorofluorcarbono ou CFCs) responsáveis por abrir um buraco na camada de ozônio da atmosfera. Não é incomum confundir o buraco de ozônio com o aquecimento global, já que ambos são causados pela utilização de substâncias químicas pela humanidade. Mas é bom frisar que foram dois cientistas da Universidade da Califórnia, o professor Frank Sherwood Rowland e o estudante de pós-doutorado Mario Molina, que constataram o perigo que a camada de ozônio na atmosfera sofria com os CFCs, até então muito utilizados em aerossóis, desodorantes e gases de refrigeração. Diversas indústrias químicas que trabalhavam com clorofluorcarbonetos tentaram combater a sua proibição e contestar os dados científicos, mas todos os países do mundo acabaram assinando o protocolo, fazendo com que os CFCs fossem trocados por outros gases (hidroclorofluorcarbonos, hidrofluorcarbonos e perfluorcarbonos) inofensivos à camada de ozônio; embora sejam gases de efeito estufa, não causam grande impacto.

O sucesso do Protocolo de Montreal parecia abrir um novo capítulo de cooperação internacional em temas ambientais de interesse global. A queda do muro de Berlim encerraria a Guerra Fria dois anos depois, em 1989. A ditadura brasileira acabara em 1985, e, em 1988, são incluídos na nova Constituição os direitos dos povos indígenas e o direito de todos a um meio ambiente equilibrado. Uma energia de mudança pairava no ar.

A Rio-92 foi acolhida com empolgação pelo Brasil, que ocupava um lugar inédito de protagonismo internacional. O então presidente Fernando Collor, acusado de corrupção e criticado pela condução da economia, viu no evento uma oportunidade para mostrar a modernidade e relevância do seu governo. E foi nesse ambiente otimista que se estabeleceu o primeiro tratado internacional para enfrentar a mudança do clima. Ficaria conhecido pela sigla em inglês, UNFCCC (United Nations Framework Convention on Climate Change, ou Convenção-Quadro das Nações Unidas sobre a Mudança do Clima), pronunciado por muitos dos jovens ativistas como "unfuck" ou "desfoder", sinônimo de baixo calão para consertar. Hoje, a marca de sorvete Ben & Jerry's, que incorpora o ativismo climático ao seu marketing, brinca com esse trocadilho em um sabor vegano "Unfudge our future". Fudge é um doce à base de chocolate.

O entusiasmo da Rio-92 levaria à criação de ONGs, empresas e outras organizações voltadas para o "meio ambiente" e para a "sustentabilidade" no Brasil. O Instituto de Manejo e Certificação Florestal e Agrícola (Imaflora), que certifica florestas manejadas de forma sustentável e o uso correto da agricultura orgânica, surgiu dessa onda, lembra Roberto Palmieri, gerente de projetos da organização: "O Imaflora nasceu em 1995 ainda no furor da Conferência das Nações Unidas sobre Meio Ambiente, a ECO-92, no Rio de Janeiro. Naquela época, começava-se a travar a discussão acerca da importância de aliar a conservação dos recursos naturais à produção de uma economia florestal. Mas o caminho não estava trilhado, havia muitas incertezas e era preciso arriscar em projetos experimentais que pudessem envolver as comunidades das florestas e a necessidade de evitar a degradação ambiental que, em 1992, era de 13 600 quilômetros quadrados por ano. [...] Em 2012, vinte anos após a ECO-92, o Brasil registrou uma perda anual de 4656 quilômetros quadrados de floresta, três vezes menor. Segundo o Instituto Nacional de Pesquisas Espaciais (Inpe), 2012 foi o ano em que se detectou a menor taxa de desmatamento desde 1988, quando se iniciaram as medições".

Ou seja, a ECO-92 funcionou. Se não resolveu a questão do desmatamento, ajudou a inspirar uma geração de ambientalistas e técnicos cada vez mais consciente — graças aos trabalhos do IPCC e de cientistas, como o pioneiro Carlos Nobre — do papel das florestas tropicais, e, principalmente, da Amazônica, na regulação do clima no Brasil, na América do Sul e no mundo.

Muitas outras ONGs dedicadas ao ambiente ganharam impulso com a Rio-92. O Greenpeace, atualmente a maior organização ambientalista do mundo, se instalou no Brasil no mesmo ano do evento da ONU. A SOS Mata Atlântica, criada no Brasil, já existia antes da Rio-92: fundada em 1986, ano do Congresso constituinte, participou da Rio-92 quatro anos mais tarde. O Instituto Socioambiental, conhecido por ISA, grande ONG dedicada à proteção de comunidades indígenas, ribeirinhas e quilombolas, é desta época também, de 1994.

Empresários também criaram e aderiram a organizações voltadas para a "sustentabilidade" alguns anos depois da Rio-92. Em 1997, nasceu a filial brasileira do World Business Council for Sustainable Development, o Conselho Brasileiro de Desenvolvimento Sustentável (CEBDS). O Ethos, outro grupo de empresários voltado para a "responsabilidade social e o desenvolvimento sustentável", foi fundado um ano mais tarde, em 1998.

O entusiasmo com o ambiente teve impactos também no governo, que deu à Secretaria do Meio Ambiente, em 1992, o status de Ministério. O Brasil assume um papel cada vez mais atuante nas discussões ambientais e do clima no âmbito mundial, sobretudo a partir da posse de Marina Silva como titular da pasta em 2003, durante o primeiro governo Lula. De ascendência negra e portuguesa, criada numa casa de palafitas em Rio Branco, no Acre, e analfabeta até a adolescência, Marina ganha destaque no movimento sindical ao lado do lendário seringueiro, ambientalista e sindicalista Chico Mendes. Elegeu-se vereadora, deputada e, em 1994, a mais jovem senadora da história da República, aos 36 anos de idade.

Como ministra do Meio Ambiente, Marina criou o Serviço Florestal Brasileiro e o Instituto Chico Mendes de Conservação da Biodiversidade (ICMBio), fortaleceu órgãos públicos de combate ao desmatamento, como o Instituto Brasileiro do Meio Ambiente e dos Recursos Naturais Renováveis (Ibama), e criou iniciativas de apoio do Estado às comunidades indígenas e tradicionais, voltadas para a demarcação de Terras Indígenas e unidades de conservação. Os resultados foram notáveis.

A área brasileira de desmatamento na Amazônia Legal chegou ao seu menor índice quatro anos depois de Marina ter deixado o ministério. Não apenas ela, mas também Carlos Minc e Izabella Teixeira, ministros que a sucederam, colaboraram para a conservação de algo em torno de 8,7 milhões de hectares (quase o tamanho de Portugal) de floresta tropical. Evitou-se, com isso, a emissão de 3 bilhões de toneladas de CO_2 na atmosfera. Essa talvez seja a maior economia de gases de efeito estufa da história.

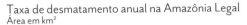

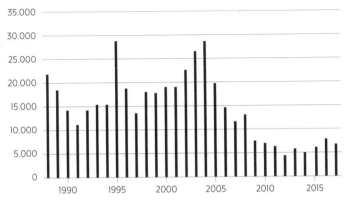

Taxa de desmatamento anual da Amazônia, medida entre 1988 e 2017.

FONTE: Projeto de Monitoramento da Floresta Amazônica por Satélite (Prodes) (Inpre/ Prodes 2017).

Data desse período, também, a criação em 2008 do Fundo Amazônia, um programa engenhoso desenhado por brasileiros para arrecadar dinheiro de países europeus desenvolvidos com o intuito de combater o desmatamento na região. Essa verba teve papel fundamental na criação de reforços no policiamento e de políticas públicas que somam 3,4 bilhões de reais, até ser paralisado em 2019 no governo de Jair Bolsonaro.

Ou seja, há uma fase de avanços na agenda ambiental e climática no Brasil que vai da ECO-92 até, pelo menos, 2014. É importante recordá-la para se inspirar: a destruição da Amazônia, bioma-chave para o clima terrestre, não é inevitável. Soluções para sua conservação foram encontradas por brasileiros na história recente do país.

Essa fase animada começa a perder fôlego com o aumento do desmatamento na Amazônia em 2013. É cedo para saber todos os motivos para essa mudança. Alguns responsabilizam o impeachment de Dilma Rousseff, ocorrido em 2016, e outros criticam a própria presidenta pelo apoio à barragem de Belo Monte.

A hidrelétrica de Belo Monte, porém, é o maior símbolo da derrota da agenda ambiental. Apresentada no início do século XX como uma fonte de energia limpa, traz uma discussão muito mais complexa. A construção de Belo Monte gerou impactos socioambientais nefastos no rio Xingu e adjacências, além de ter deslocado comunidades ribeirinhas e indígenas dos seus lares. As empreiteiras contratadas para as obras e diversos políticos foram acusados de corrupção ao longo da construção da barragem e da hidrelétrica, iniciada em 2011.

Imagem aérea da construção da Usina Hidrelétrica de Belo Monte, no rio Xingu, em Altamira, Pará, de 2015.

O impeachment da presidente Dilma em 2016 e, sobretudo, a eleição de Jair Bolsonaro em 2018 causaram uma reviravolta completa nas políticas ambientais do país. O governo de Bolsonaro, que se iniciou em 1º de janeiro de 2019, implementou uma política claramente antiambiental. Em abril de 2020, veio a público um vídeo de uma reunião do primeiro escalão do governo Bolsonaro na qual o então ministro do Meio Ambiente, Ricardo Salles, sugeria que aquele seria um bom momento para "passar a boiada" — ou seja, para enfraquecer as proteções legais ao ambiente no país — uma vez que a imprensa estava focada na pandemia de covid-19.

OS DEFENSORES DO CLIMA RESISTEM

Quando Jair Bolsonaro foi eleito, em 2018, com uma agenda que prometia retrocesso na área ambiental, os ambientalistas não se intimidaram. Logo após a vitória, o Observatório do Clima, uma rede de 56 organizações não governamentais (ONGs) dedicadas à defesa do ambiente no Brasil, soltou a seguinte nota, sob o título "Onde houver ameaça, seremos a resistência".[4] Eis alguns dos trechos principais: "Na área ambiental, lutaremos para que as instâncias de governança sejam fortalecidas, em especial o Ministério do Meio Ambiente e seus órgãos vinculados, bem como para que seja ampliada a política de áreas protegidas, que inclui a criação de unidades de conservação e a demarcação e homologação de terra indígenas.

"O Brasil percorreu um longo caminho até a consolidação de um conjunto de instituições e políticas públicas que guardam um patrimônio natural único, base sobre a qual se assenta não apenas a qualidade de vida, mas o próprio desenvolvimento econômico do país. Não nos calaremos diante do desmontes dessas instituições e políticas."

E mais adiante: "Por fim, resistiremos a qualquer investida contra os povos e as comunidades tradicionais, protegidos pela Constituição, bem como a qualquer violência contra ativistas ambientais. O Brasil é o país que mais mata defensores do meio ambiente no mundo — 57 apenas no ano passado — e o clima instaurado na campanha eleitoral, com atentados a agentes do Ibama e ao ICMBio, apenas aumentou o perigo".

Marina Piatto, então coordenadora de Clima e Agricultura do Imaflora, registrou também a ligação entre política, comunidades quilombolas, comunidades indígenas e o clima terrestre. Diz ela, por ocasião da eleição de Jair Bolsonaro:

"O diferencial da agropecuária brasileira está na valorização dos ativos florestais, na água, na biodiversidade e na riqueza cultural dos nossos povos. Somente quando essa percepção for amplamente incorporada no setor é que daremos um salto importante na direção do desenvolvimento sustentável."

E Marcio Astrini, secretário executivo do Observatório do Clima e ex-coordenador de Políticas Públicas do Greenpeace, organização apoiadora deste livro, destaca o quanto o Brasil já havia feito pelo clima até 2018:

"As propostas feitas por Bolsonaro durante a campanha são graves e estimulam o desmatamento e a violência no campo. Lutaremos incansavelmente para que não seja implementada no país uma agenda de destruição ambiental."

Em 2020, ativistas do Greenpeace escreveram "Pátria Queimada, Brasil" sobre o chão queimado de uma das inúmeras áreas devastadas pelas queimadas no Pantanal, em protesto contra uma das piores crises ambientais da história do país.

Para quem quiser mais detalhes, recomendo a palestra de TED de Tasso Azevedo, que foi diretor do Serviço Florestal Brasileiro e diretor executivo do Imaflora.

4

O NOVO ATIVISMO JOVEM

No dia 28 de agosto de 2020, em meio à pandemia de covid-19, a ativista sueca Greta Thunberg, fundadora da ONG Fridays for Future, se apresentou em uma live ao lado da ativista indígena e brasileira Sônia Guajajara, coordenadora executiva da Articulação dos Povos Indígenas do Brasil (Apib) e uma das principais lideranças dos movimentos indígena e ambientalista brasileiro. A meta do encontro virtual era pressionar os líderes mundiais a atuar em prol da preservação da Amazônia e dos povos tradicionais que nela habitam. Os indígenas vinham sofrendo com a pandemia, com o avanço de garimpeiros e grileiros nas suas reservas e com incêndios utilizados, na maioria das vezes, para limpar terras desmatadas ilegalmente. A floresta vem sendo derrubada com tratores e correntes e deixada para secar, então, meses depois, passam com combustível para colocar fogo em tudo. Incêndios naturais são raros na região amazônica, que é extremamente úmida e tem rios gigantescos.

Para quem é jovem, a live de Greta Thunberg e Sônia Guajajara talvez parecesse apenas mais um bate-papo durante a pandemia. Mas, para quem tem mais idade — como o autor deste livro —, foi impossível ignorar o seu caráter histórico.

Uma jovem do continente europeu, que há mais de quinhentos anos colonizou a América e aqui encontrou povos nativos, fazia um apelo político ao lado de uma líder indígena, representante de povos originários, pela preservação da floresta em uma conversa transmitida em português (e inglês) para o mundo todo.

O que une as duas, a sueca e a brasileira indígena, é o ambientalismo, a ideia de que a preservação da floresta é a chave para evitar as consequências extremas do aquecimento global e a extinção de espécies de plantas e animais que são encontradas apenas naquela região. As duas concordam que quem melhor cuida da vegetação nativa são as comunidades indígenas nas suas reservas.

Sônia Guajajara, em 2019, em viagem à Europa. Ela e outros líderes indígenas viajaram pelo continente com o objetivo de denunciar as violações que o meio ambiente e os povos indígenas vinham sofrendo no Brasil durante o governo de Jair Bolsonaro.

O ativismo, seja ele nacional ou internacional, tem focado esforços no combate aos incêndios florestais no Brasil porque muitos deles têm como propósito a grilagem de terras (roubo) e são a principal fonte de gases de efeito estufa no Brasil — o desmatamento é responsável por cerca de 45% das emissões, muito diferente das taxas de locais mais industrializados. Na Suécia, país da Greta, a maior fonte de emissões de gases de efeito estufa é o transporte (automóveis, carros, motos), seguido da geração de energia.

Graças ao desmatamento, o Brasil foi o sétimo país em emissão de gases de efeito estufa do mundo em 2021. O título de maior emissor cabe hoje à China, seguida por Estados Unidos, Índia, Rússia, Alemanha e Japão. Em termos per capita, ou seja, emissões divididas por cada indivíduo, são os Estados Unidos os piores, seguidos pelos russos. Nessa categoria, a China cai para o quarto lugar. O Brasil também cai, mas continua acima da média mundial de 7,2 toneladas por ano, com 9,3 toneladas brutas por pessoa por ano.

A Suécia está entre os países europeus com as menores emissões per capita, com 5,5 toneladas per capita/ ano. Mas Greta critica esse cálculo, afirmando que o seu país "terceiriza" os gases omitidos na fabricação de produtos importados. Com isso, ela quer dizer que a Suécia não assume a chamada "pegada de carbono", isto é, as emissões de gases de efeito estufa dos muitos produtos produzidos em outros países, como a China, ou confeccionados em outras localidades. Afinal, devido ao sistema colonial os europeus possuem grande parte das fábricas, indústrias e terras espalhadas pelo mundo , cuja produção é importada pelos suecos. Não falta à jovem sueca olhar crítico ao seu próprio país.

Greta Thunberg é uma personagem sem igual na história do movimento climático. Seu ativismo adolescente, primeiro solitário e depois coletivo, conseguiu chamar a atenção da opinião pública mundial para a gravidade do aquecimento global. Em agosto de 2018, durante uma onda de calor na Europa, Greta, que estava no primeiro ano do ensino médio, resolveu faltar na escola até as eleições para o parlamento sueco no dia 9 de setembro.

Nesse intervalo, a garota ficou em frente ao parlamento com uma placa feita em casa, hoje icônica, com a frase "Skolstrejk för klimatet", ou "Greve escolar pelo clima". Greta, ainda criança, foi diagnosticada com a síndrome de Asperger, um tipo de autismo que dificulta a socialização, e sofreu com longos períodos de depressão desde que começou a estudar a crise do clima com oito anos de idade. Segundo ela própria, essa condição faz com que veja o mundo em preto e branco: se há uma crise climática que ameaça a vida de bilhões de pessoas e se, para resolvê-la, é preciso parar de emitir dióxido de carbono, não faz sentido nenhum continuar a jogar esses gases na atmosfera. Sua mente foca — "como um raio laser", nas suas palavras — nesse desafio e não consegue pensar em outra coisa. Greta diz que essa capacidade de concentração é seu superpoder. Ela precisava tomar alguma atitude, mesmo que fosse sozinha. Daí a greve escolar solitária.

A foto de Greta viralizou nas redes e fez com que a greve ganhasse mais adeptos. A ativista foi convidada a participar da COP 24, conferência anual do clima promovida pelas Nações Unidas, em Katowice, na Polônia, onde deu uma palestra histórica, conhecida pela frase "É impossível resolver uma crise sem tratá-la como tal". Disse ainda que os políticos e os negociadores eram irresponsáveis. Na Polônia, Greta já se tor-

Greta Thunberg durante uma marcha pelo clima em Montreal, Canadá, em 2019, levantando a icônica placa com a qual ficou conhecida.

nara uma celebridade, a primeira do movimento climático em décadas. Foi seguida por centenas de jornalistas durante o evento e convidada, depois, para se apresentar no Fórum Econômico Mundial, em Davos, na Suíça, em janeiro de 2019, grande encontro da elite econômica mundial. Ela fez questão de ir até lá de trem e de passar uma noite no acampamento com os outros ativistas na neve. Seria convidada, depois, para falar na Assembleia Geral da ONU, em setembro, na cidade de Nova York. Como Greta se recusa a andar de avião por conta das altas emissões de CO_2 que ocorrem em razão da queima de querosene, atravessou o oceano Atlântico num veleiro, em uma viagem que durou duas semanas.

De início, muitos no próprio movimento climático tiveram dificuldades para entender o fenômeno Greta Thunberg. Afinal, ela não era cientista nem artista. Ativistas jovens existem desde, pelo menos, a Rio-92, quando Severn Cullis-Suzuki, então com doze anos, discursou. A fala da jovem Suzuki foi impactante e transmitida nos telejornais da época. Mas isso aconteceu antes da internet, e a repercussão, embora significativa, foi menor e, ao que tudo indica, menos duradoura.

A celebridade repentina de Greta revela algumas características importantes da nossa época. Em primeiro lugar, está a influência das redes sociais na opinião pública mundial. Elas contribuem para o surgimento de desafios políticos, como o populismo de extrema direita, mas também são capazes de impulsionar o ativismo. Outra coisa que a fama de Greta nos mostra é que a população jovem está disposta a discutir a crise climática e, não menos importante, que narrativas — ou histórias (a dela, no caso) — são tão atraentes quanto "fatos e dados" no universo dos desafios políticos.

Além disso, ela vem utilizando a sua plataforma e seu destaque para chamar a atenção da mídia e da população para os verdadeiros responsáveis pela mudança climática. Tem um discurso aguerrido no qual acusa os adultos de roubar o seu futuro e chegou a comprar briga, via Twitter, com o ex-presidente dos Estados Unidos, Donald Trump. Rodou os Estados Unidos em um carro elétrico — menos poluente — emprestado por Arnold Schwarzenegger, ator e ativista do clima de longa data. Com a transferência da COP 25 de Santiago, no Chile, para Madri, na Espanha, Greta arrumou outra carona náutica e atravessou mais uma vez o oceano Atlântico de barco a vela, dessa vez da América para a Europa.

O fato é que a influência de Greta consegue ser maior que a de qualquer outro ativista do clima até hoje. Sua falas estimulam mais que abordagens técnicas apoiadas em conceitos científicos como "orçamentos de CO_2", aumentos de temperaturas ou mesmo incêndios e dilúvios provocados pela mudança do clima. Daí a sua imensa popularidade e influência. Greta é uma jovem estrela do movimento climático.

Figura pop e ídolo da geração Z, ajudou a abrir caminho para outras lideranças climáticas jovens. A ativista Vanessa Nakate (@vanessanakate1), de Uganda, começou sua própria greve pelo clima diante do edifício do parlamento do seu país, em janeiro de 2019, inspirada pela sueca. Vanessa fundou os grupos climáticos Youth for Future Africa, Rise Up (@riseupmovement1) e o Green Schools Project. No Brasil, as lideranças jovens contam hoje com nomes como Txai Suruí (@txaisurui), líder ativista da etnia suruí e coordenadora do Movimento da Juventude indígena; Paloma Costa (@pcopaloma), advogada formada na Universidade de Brasília, com participação de destaque na ONU e em grupos ambientalistas como ISA, Engajamundo e Ciclomáticos (que ajudou a fundar), e Amanda Costa (@souamandacosta), da Vila Brasilândia, em São Paulo, que fundou o Instituto Perifa Sustentável e se dedica à justiça climática.

O SUNRISE MOVEMENT, O GREEN NEW DEAL E A JUSTIÇA CLIMÁTICA

Em 2018, momento em que Greta protestava em frente ao parlamento sueco, ativistas pelo clima nos Estados Unidos, reunidos no quase desconhecido Sunrise Movement, procuravam candidatos ao Congresso estadunidense para apoiar. O movimento militava pelo desinvestimento em combustíveis fósseis e a favor de energias verdes, como a solar e a eólica. A condição para apoiar um candidato era sua militância em prol de justiça climática, um conceito que une questões sociais e de etnia à agenda climática e coloca o fator da desigualdade na pauta do clima. A justiça climática é predicada na ideia de que os mais prejudicados pelas enchentes, pela poluição e pelo calor extremo devem ter voz no movimento para frear o aquecimento global e seus impactos. Precisam ser ouvidos. São eles que sabem o que acontece como vítimas da crise do clima.

Naquele momento, ser um candidato da justiça climática nos EUA significava, na prática, se identificar como um militante da causa e assinar um acordo (de duas linhas) se comprometendo a não aceitar contribuições de mais de duzentos dólares às campanhas por parte de pessoas físicas ou jurídicas envolvidas com companhias de petróleo, carvão ou gás.

Uma das primeiras candidatas a aceitar o acordo foi a jovem Alexandria Ocasio-Cortez, do bairro popular do Queens, na cidade de Nova York. O Sunrise distribuiu panfletos, bateu em portas e postou material da candidata na internet. Naquela eleição, como conta a revista *Rolling Stone*, o Sunrise apoiou trinta candidatos. Desses, dezenove foram eleitos.

O movimento ganhou notoriedade e reconhecimento junto às jovens candidatas que apoiou, como Ocasio-Cortez, Ilhan Omar, Ayanna Pressley e Rashida Tlaib. Depois da eleição, os jovens ativistas do Sunrise resolveram ocupar a sala da líder do Congresso, Nancy Pelosi, representante da velha guarda da política nos EUA, para exigir dela o apoio do partido Democrata ao Green New Deal. Era assim chamado o conjunto de medidas que combinava a geração de empregos e garantia de renda e habitação com a transição do uso de combustíveis fósseis para o uso de energias solar e eólica. A ideia básica era garantir, na medida do possível, o bem-estar

Em 2019, o movimento Fridays for Future mobilizou jovens de 125 países, que saíram às ruas em mais de 2 mil greves clamando por atitudes dos governos com relação à mudança climática.

1. Jovens protestando em Praga, capital da República Tcheca.

2. Greve na Cidade do Cabo, na África do Sul.

3. Fridays for Future em Casablanca, nos Marrocos.

4. Greve Global pelo Clima em Bangkok, capital da Tailândia.

5. Jovens protestando em Jacarta, Indonésia.

6. Criança protestando em meio à greve de Edimburgo, capital da Escócia.

7-11. Greve Global pelo Clima em São Paulo.

12. Protesto em Washington, D. C., capital dos Estados Unidos.

dos trabalhadores e dos cidadãos de baixa renda diante das transformações necessárias para a montagem de uma economia de baixo carbono.

Segundo uma integrante do Sunrise, "eu sabia que algo fundamental havia mudado quando a deputada Alexandria Ocasio-Cortez apareceu na ocupação da sala da líder do Congresso". Recém-eleita, a deputada federal mais jovem da história dos Estados Unidos e estrela instantânea do mundo político, Ocasio-Cortez subiu na mesa, literalmente, e fez um discurso de dois minutos dedicado à urgência da nova política ambiental apresentada pelos militantes do Sunrise Movement.

Jane Fonda marcha no 14º Fire Drill Friday, em Washington, D.C. Inspirada pelo ativismo jovem, a atriz se mudou para a capital dos Estados Unidos no início de 2020 e por semanas consecutivas pediu ações contra a mudança climática. A faixa diz: "Nós exigimos o Green New Deal".

As linhas gerais e até mesmo o nome do Green New Deal existem desde meados dos anos 2000. A ideia básica é combinar as garantias sociais do New Deal — política antirrecessiva criada pelo presidente Franklin Roosevelt para combater o sofrimento da Depressão econômica nos anos 1930 — junto a um forte componente inclusivo, antirracista e com investimentos necessários para fazer a transição à economia de baixo carbono. Exemplos de medidas do Green New Deal seriam cursos profissionalizantes para trabalhadores nas instalações de energias renováveis, habitações populares blindadas contra ondas de calor, inundações e furacões, investimentos em restauração florestal, criação de reservas naturais na terra e no mar.

Na versão atualizada e defendida pelo Sunrise, as metas do Green New Deal são informadas pelo estudo especial do IPCC de 2018 apresentado no começo deste livro: 45 a 50% de redução de emissões de gases de efeito estufa até 2030 e uma economia baseada no carbono zero, ou seja, sem emissões de gases de efeito estufa, até 2050.

Em fevereiro de 2019, a deputada Ocasio-Cortez e o senador Ed Markey apresentaram ao Congresso norte-americano uma resolução em prol do Green New Deal. Não chega a ser um projeto de lei, mas é uma introdução: cinco metas, catorze projetos e quinze requisitos. No documento, estabelece-se que há duas crises, uma do clima e outra econômica, esta composta de estagnação salarial e desigualdade econômica. O Green New Deal é a maneira de se enfrentar as duas, de acordo com a resolução.

A bandeira do Green New Deal junta movimentos sociais, jovens, de habitação popular, da periferia, de diferentes identidades étnicas e outros grupos com o ativismo climático. Fica claro que o movimento por um clima estável é também uma luta das minorias em situação de vulnerabilidade.

O movimento pela justiça climática na Europa ganhará destaque, ao menos em tese, nos esforços de reconstrução econômica que seguem nos rastros da pandemia de covid-19. No Brasil, ajuda a consolidar o laço, já antigo, entre os grupos ambientalistas e os povos indígenas, e coloca em pauta assuntos de gênero, classe, raça, status migratório e outras questões que propagam a desigualdade. Encontra no ativismo climático e na Greta novos aliados. Ajuda a fortalecer também a ligação entre comunidades quilombolas, movimentos pretos e antirracistas e o ativismo pelo clima.

O ATIVISMO CLIMÁTICO E A ELEIÇÃO PRESIDENCIAL NOS ESTADOS UNIDOS

Em 20 de janeiro de 2021, Joe Biden dedicou boa parte de seu primeiro dia como presidente dos Estados Unidos a medidas contra a crise do clima. Logo depois das cerimônias de posse, ele assinou ordens presidenciais para:

1) Reintegrar os Estados Unidos ao acordo climático de Paris de 2015.
2) Cancelar o aval dado pela administração anterior ao oleoduto Keystone XL que, se construído, levaria o petróleo betuminoso do Canadá, ao norte, até o golfo do México, no Texas, no extremo sul estadunidense.
3) Pausar a permissão para a busca de gás e petróleo no refúgio de vida selvagem do Ártico, no estado de Alasca.
4) Exigir o exame de todas as medidas regulatórias referentes ao meio ambiente passadas nos últimos meses da administração Trump.

O ano de 2021 foi uma virada na forma que os Estados Unidos, o país que mais contribuiu para o acúmulo de gases de efeito estufa na atmosfera, trataram da mudança do clima. Biden, um veterano político eleito à presidência aos 78 anos, foi estimulado a se tornar um militante contra a mudança do clima por jovens ativistas. O Sunrise Movement havia apoiado Bernie Sanders nas prévias para a vaga do partido Democrata na eleição presidencial de 2020: o candidato progressista anunciou seu apoio ao Green New Deal, junto a outros grupos ativistas. Quando Sanders perdeu as prévias, o movimento publicou na imprensa uma carta aberta criticando a agenda climática de Biden, o vencedor. Mas os democratas, explica o site, sabiam da importância que a ala jovem e progressista do partido tinha para vencer as eleições de novembro de 2020 contra Trump, e chamaram os líderes Varshini Prakash e Evan Weber [do Sunrise] para uma reunião.

A determinação do Sunrise convenceu a campanha de Biden da importância da questão climática para mobilizar os jovens. Se esse tema não fosse destacado na campanha contra Trump, os jovens poderiam não se dar ao trabalho de votar. Esse foi o raciocínio que ajudou a sensibilizar a campanha de Biden, ao que tudo indica, já que, por não ser obrigatório, o quórum dos jovens votantes é baixo nos EUA.

A questão climática contribuiu para o resultado da eleição presidencial de 2020. Batendo recordes, mais da metade dos cidadãos com menos de trinta anos votou, o que favoreceu o democrata com uma margem de 24 pontos percentuais entre os eleitores jovens. De acordo com o site Circle, da Universidade Tufts, o voto dos jovens foi fundamental para a vitória de Biden. Entre esses eleitores, "mudança climática" era a terceira questão mais importante, perdendo apenas para a pandemia de covid-19 e o desemprego.

Os ativistas ajudaram a mobilizar o voto jovem, mas, talvez ainda mais importante que isso, apresentaram para os líderes do partido uma nova maneira de abordar a crise climática — muito mais positiva, animadora e, no fim das contas, eficaz.

Até a eleição de 2020, os democratas tratavam a mudança do clima como uma obrigação civilizatória que trazia um custo alto, mas que precisaria ser enfrentada. Focavam nas previsões preocupantes dos cientistas e na necessidade de reduzir o consumo de combustíveis fósseis e de carne — sempre dentro de um enfoque dos "sacrifícios necessários". Essa estratégia os tornava vulneráveis aos ataques do partido Republicano, que retrucava com a afirmação falsa de que os democratas queriam proibir hambúrgueres e voos comerciais.

Novidade no tabuleiro político, o Sunrise Movement e outros grupos de ativistas jovens ofereceram aos democratas uma linguagem inédita. A solução para o aquecimento global não deveria ser apresentada como um sacrifício, mas como uma oportunidade. Segundo eles, enfrentar a mudança do clima geraria a chance de renovar a infraestrutura do país inteiro, criar milhões de bons empregos e combater algumas das consequências nefastas do racismo. Embora se recusasse a utilizar o nome de Green New Deal, quando Biden apresentou sua proposta trilionária de legislação ao Congresso dos Estados Unidos, em março de 2021, o chamado "Build Back Better Plan", trazia muitos componentes dele, como incentivos para energias renováveis e medidas voltadas para a conservação, treinamentos para empregos verdes, a melhoria da rede ferroviária (menos poluente do que automóveis) e o compromisso de reduzir as emissões em 50% até 2030.

O raciocínio do Sunrise e de outros movimentos, como Fridays for Future, 350.org e Greenpeace, é que para se combater as emissões de gases de efeito estufa será preciso trocar a infraestrutura baseada em combustíveis fósseis por energias renováveis — solar, eólica e geotérmica, por exemplo —, que não prejudicam a população com poluição. Lutam também por maiores investimentos em meios acessíveis de transporte público, urbanismo popular de baixas emissões e conservação de florestas e áreas marinhas.

Além disso, serão necessários investimentos em novas tecnologias de baixo carbono para a produção de concreto e aço, alternativas para a produção de carne, que poderá ser feita em laboratórios e fábricas, utilizando como base plantas e/ ou células animais, em processos que dispensam a criação de animais em grande escala. Ou a adoção de vegetarianismo e veganismo, ao menos para quem quiser participar desta forma. Tudo isso, explica o movimento, gerará empregos novos e verdes e ajudará a despoluir áreas hoje habitadas por afro-americanos e hispânicos nos Estados Unidos. Combatem-se o racismo, o desemprego, a pobreza e a crise climática — tudo ao mesmo tempo. Essa é a essência do Green New Deal.

E não são poucos os movimentos políticos que comprovam a importância do ativismo climático nas eleições estadunidenses. A eleição de dois políticos progressistas, Raphael Warnock, negro, e Jon Ossoff, de origem judaica, em um estado sulista historicamente mais conservador, é outra vitória que demonstra isso, além das já citadas. Algo havia mudado no cenário político dos Estados Unidos, e os ativistas do clima tiveram um papel na transformação. Para os que acompanham a luta pelo clima há décadas, essa era uma novidade animadora. Grupos ambientalistas haviam participado de campanhas políticas em eleições passadas, mas nunca antes com tal nível de influência, acesso e sucesso.

E AGORA?

Apesar de todo seu poderio econômico e militar, os Estados Unidos não são capazes de resolver os desafios do aquecimento global sozinhos. E a verdade é que muito do que foi proposto no plano de Biden em prol do clima não vai passar no Congresso, onde enfrenta oposições dentro e fora do partido.

O foco narrativo deste livro nas últimas medidas climáticas norte-americanas se justifica por ao menos dois motivos. Primeiro porque revela o poder do ativismo climático. Sem os jovens e seu empenho político e intelectual nas redes sociais, nas ruas, e na campanha feita porta a porta, é improvável que Biden mostrasse o mesmo entusiasmo pela crise climática.

Se é verdade que os Estados Unidos não conseguem resolver a questão do clima sozinhos, nem sequer dentro do seu próprio país, sem o apoio estadunidense será muito mais difícil para o resto do mundo enfrentar o aquecimento global. Os EUA são o segundo maior emissor de gases de efeito estufa atualmente, e o maior em termos cumulativos (ao longo da história). Isso é relevante porque, como se viu, o CO_2 se acumula na atmosfera. O país é líder em tecnologia e na política mundial; se os Estados Unidos jogarem contra os acordos mundiais e nacionais do clima, como aconteceu durante a administração Trump, é bem mais difícil convencer outros países, menos ricos, mas também influentes, a levar a questão a sério.

Boa parte do mundo se mostra disposta, ao menos em tese, a passar para as energias limpas e a fazer uso de novas técnicas de produção menos poluentes em todos os setores. O conjunto dessas medidas é conhecido como "a economia de baixo carbono". Você vai ouvir falar muito a respeito dela nos próximos anos.

5

ENTRE O NORTE E O SUL

Quando se fala sobre a necessidade dos Estados Unidos e de outras nações de economias desenvolvidas, como Canadá, Japão e França, de baixarem as emissões de gases de efeito estufa, é comum ouvir:

"Mas e a China e a Índia?"

Foi o que respondeu Donald Trump ao ser questionado por ter retirado os Estados Unidos do Acordo de Paris. E essa é uma pergunta que se faz em diversos países ao redor do planeta. De que adianta nos esforçarmos para fazer a transição para a nova economia, de baixo carbono, se tudo vai depender, no fim das contas, do que acontecer na Índia e na China?

A influência futura desses países no clima terrestre é enorme. Atualmente, a China emite 27% dos gases de efeito estufa, e a Índia, 7%. São eles o maior e o terceiro maior emissores. Também é verdade que são os dois países mais populosos do mundo, ambos com mais de 1,4 bilhão de habitantes. O que acontece nesses dois países certamente terá um impacto grande, para o bem ou para o mal. É muita gente, mais de seis vezes a população do Brasil em cada uma das duas nações. Mas as emissões per capita não são altas. As da China giram em torno de 10,1 toneladas por ano por pessoa, próximas à média mundial. Na Índia, são bem abaixo da média, por volta de 1,7 tonelada por ano por pessoa. Cada habitante dos EUA emite em média 17,6 toneladas/ ano, e o brasileiro emite em torno de 10 toneladas/ ano quando são incluídas as emissões do desmatamento, como convém.

Acontece que se preveem taxas de crescimento econômico velozes tanto para a China como para a Índia. São, como se diz, países em desenvolvimento, e mais pobres do que os já desenvolvidos, como os da Europa ou os Estados Unidos, o Canadá e o Japão.

FREAR O USO DE COMBUSTÍVEIS

Há diversos motivos históricos para a pobreza do mundo em desenvolvimento diante dos países ricos. Entre eles estão o colonialismo e o rapto e a escravização de nativos, sobretudo de africanos e povos indígenas. Tais regimes históricos levaram para o norte global parte importante das riquezas do sul e deixaram no seu lugar um legado de violência social, política e econômica.

Um estudo recente da Universidade de Stanford, na Califórnia, detectou um outro motivo para a disparidade de renda entre os países mais pobres do sul global e os do norte: a própria mudança do clima.

O professor Noah Diffenbaugh, autor principal do estudo, afirma que as mudanças na temperatura causadas por gases de efeito estufa enriqueceram países como a Noruega e a Suécia e empobreceram outros, de climas mais quentes, como a Índia, a Nigéria e o Brasil.

Para chegar a essa conclusão, os autores avaliaram mais de 20 mil cenários hipotéticos de desenvolvimento, com e sem o aquecimento global. A margem de erro para os países tropicais, de acordo com eles, é praticamente nenhuma. Os cinco países que mais sofreram economicamente com o aquecimento global entre 1961 e 2019 foram o Sudão, com uma diminuição de Produto Interno Bruto (PIB) de 36% ao longo do período, a Índia, com menos 31%, a Indonésia, com menos 27%, e, o quinto pior, o Brasil, com menos 25%. Os países que mais se beneficiaram foram a Noruega, com um aumento de 34% do PIB entre 1961 e 2019, o Canadá, com um aumento de 32%, a Suécia, com 25%, o Reino Unido, com 9,5%, e a França, com 4,8%. Grandes emissores, como os EUA e a China, ficaram mais ou menos estáveis, sem perder nem ganhar muito com o aquecimento do clima nesse período.

A conclusão do estudo de Stanford é a de que o aquecimento global aumentou sensivelmente a desigualdade entre o norte rico e o sul pobre. Isso acontece porque tanto a agricultura quanto os trabalhadores são mais produtivos e saudáveis em temperaturas mais equilibradas. Os países frios têm, portanto, certa vantagem com o aquecimento, já que alcançam temperaturas mais amenas, ao contrário de países que já são bem quentes.

Não há dúvida, no entanto, de que os impactos gerais de um sistema climático aquecido serão negativos para o mundo todo (ou quase) em um futuro próximo. Os cientistas do IPCC preveem milhões de refugiados movidos por secas históricas e chuvas torrenciais. Grandes cidades costeiras serão inundadas pelo aumento do nível do mar. Ecossistemas inteiros, como a floresta Amazônica, importante para o regime de chuvas na América do Sul, correm o risco de colapsar nas próximas décadas. Estudos do climatologista brasileiro Carlos Nobre estimam que um acúmulo de desmatamento na Amazônia da ordem de 20 a 25% pode, junto com o aquecimento, desencadear um processo de savanização que deixaria um cerrado onde hoje é a maior floresta tropical mundo. Outros estudiosos já concluíram que, em 2021, a floresta emitiu mais gases de efeito estufa do que absorveu, graças a intervenções humanas como criação de gado, mineração desregrada (garimpo de ouro) e plantio de monoculturas, sobretudo a soja.

O QUE FAZER?

A pandemia de covid-19 oferece lições de como melhor enfrentar a crise climática. Em primeiro lugar, faça como Greta Thunberg e ouça os cientistas. São eles que dedicaram suas vidas a entender o que está acontecendo com o sistema climático do planeta Terra. Ainda não existe uma vacina para o aquecimento global, mas há um consenso científico robusto de que precisamos descarbonizar a economia, e logo. Temos, como foi mostrado, até 2030 para baixar pela metade as emissões de gases de efeito estufa e até 2050 para nos tornarmos uma espécie carbono neutro.

VAI DAR TEMPO?

A crise climática é cumulativa e, ao que tudo indica, exponencial. Há um perigo em atravessar pontos de ruptura, como o derretimento do permafrost (o chão congelado) no Ártico ou a savanização da floresta Amazônica, que poderão acelerar a crise de forma repentina. Daí a pressa, a chamada urgência em agir. Ao contrário do que querem levar a crer empresas de emissões altas, como as de petróleo ou de gado, há sim uma necessidade de "achatar a curva" das emissões o mais rápido possível. Se não cumprirmos os prazos estabelecidos pelos cientistas, não será o fim do mundo. Mas causaremos aumento da temperatura terrestre e sofrimento, além de dificultarmos cada vez mais a tarefa de adaptar a infraestrutura ao regime climático.

BOAS NOTÍCIAS

Uma boa notícia é que as gerações mais recentes de ativistas vêm mostrando como as medidas de combate à crise do clima podem renovar as sociedades, contribuindo para o combate ao racismo e às desigualdades sociais, gerando riqueza e um convívio melhor entre as sociedades e a natureza. Se há uma lição a ser apreendida com a pandemia, é a de que estamos juntos neste planeta. Nenhum país sozinho consegue resolver a pandemia. Vale o mesmo para a crise do clima. Teremos que encontrar maneiras de trabalhar juntos. Ainda bem que esse, como explica o historiador Yuval Noah Harari, é o nosso superpoder como espécie: criar histórias, fictícias ou não, que nos inspiram a trabalhar em conjunto para cumprir um mesmo objetivo.

# 6

PARA ONDE VAMOS?

Quando, em agosto de 2021, o IPCC divulgou a primeira parte do seu sexto relatório, o maior resumo da ciência do clima desde o Acordo de Paris em 2015, a imprensa mundial deu um destaque nunca antes visto para a crise climática. As conclusões do estudo foram parar nas manchetes de jornais como *Le Monde, The Financial Times, O Globo, USA Today,* CNN, para citar apenas alguns veículos da grande imprensa.

As notícias não eram boas. O IPCC confirmou que o aquecimento global já está em curso, com um aumento da temperatura média de mais de 1ºC no planeta, e que, para freá-lo, serão precisos cortes radicais nas emissões de gases de efeito estufa desde já. Alguns dos impactos ambientais, diz o relatório, já são irreversíveis. A temperatura média não vai baixar tão cedo: o gelo dos polos Norte e Sul e as geleiras na Groenlândia não deverão voltar aos níveis do século XX sem intervenção humana. Todos esses impactos geram efeitos cascata no sistema climático do planeta todo. Foram essas as conclusões mais gerais e importantes.

O desafio agora é controlar o aquecimento para garantir um futuro decente para a humanidade. Para tanto, precisaremos fazer a transição para uma nova economia de baixo carbono, com o mínimo possível da extração e do uso de combustíveis fósseis, e também restaurar, tanto quanto pudermos, a biosfera e a hidrosfera, por meio de proteções aos povos indígenas (que cuidam bem das terras e águas), parques e santuários marinhos.

Nada disso é muito novo para quem acompanha as notícias sobre a mudança do clima ou acompanhou a leitura até aqui. O relatório, no entanto, ganhou bem mais destaque na imprensa mundial do que os cinco grandes estudos anteriores, publicados pela ONU a cada cinco anos (mais ou menos) desde 1992.

Os motivos da boa difusão na imprensa são vários. O sexto relatório conseguiu deixar claro que o aquecimento global não é só um desafio futuro, mas uma ameaça imediata. Nesse ponto, a divulgação científica contou com a ajuda da mudança climática que já é perceptível. Em julho e agosto de 2021, um pouco antes da publicação do relatório do IPCC, secas e ondas de calor castigaram o Oeste da América do Norte, provocando incêndios e mortes por aquecimento em lugares outrora fresquinhos, como a pequena cidade de Lytton, no Canadá, que foi destruída, e também no estado do Oregon, nos Estados Unidos, onde muitos pereceram em uma onda de calor. Na ocasião do lançamento da fase 1 do relatório, a Califórnia combatia incêndios gigantescos. Nos meses anteriores, parte da Sibéria, no círculo ártico, alcançou a temperatura recorde de 48°C. Bélgica, Alemanha e China, por sua vez, enfrentaram enchentes mortíferas, com águas que arrastaram casas, automóveis, pessoas e inundaram estações de metrô. Tudo isso, de acordo com os cientistas, foi causado ou no mínimo potencializado pelo aquecimento global. E, como se não

Área queimada no Parque Nacional do Juruena e na Terra Indígena Apiaká do Pontal e Isolados, em Apiacás, Mato Grosso, em 2021.

bastasse, as temperaturas vão aumentar, segundo os pesquisadores. O que nos resta fazer, ao menos por ora, é tentar manter a crise climática sob controle, minimizando os riscos e os impactos.

Muitas das emergências climáticas do ano de 2021 atingiram locais ricos, o que também ajudou a impulsionar a divulgação do desafio climático. Imagens dramáticas de terríveis tragédias "naturais" circularam pelo globo, graças à internet. As tragédias aconteceram no contexto emocional de uma pandemia feroz e resistente.

Essa boa acolhida midiática do relatório do IPCC, o AR6, parece inaugurar um capítulo inédito na luta dos cientistas e dos ativistas para estabilizar o sistema climático mundial. A repercussão do lançamento deixou no ar entre quem se dedica ao tema uma sensação, talvez fugaz, mas animadora, de que "agora vai!". A influência do estudo na COP 26, de Glasgow, onde delegados do mundo inteiro se reuniram para negociar novas metas de descarbonização, conservação e apoio de medidas inovadoras para frear o aquecimento, foi palpável. O ativismo de jovens, de indígenas, de brasileiros, inclusive, e da chamada "geração Greta" é central ao processo.

Esse otimismo cauteloso resulta da certeza de que existem soluções para esse imenso desafio, basta a humanidade se unir para enfrentar a ameaça. Ou seja, a opinião pública conta muito. Sempre que a imprensa coloca os holofotes nesse que é o maior desafio do nosso tempo gera esperanças. Por isso é importante discutir também o assunto entre amigos e

Indígenas, membros do Indigenous Environmental Network (Rede Ambiental Indígena) e da Indigenous Climate Action (Ação Climática Indígena), protestando em frente à COP 26.

familiares. Quanto mais se fala sobre, melhor. Enfrentar a crise climática vai exigir esforço coletivo e global, daí a importância de engajar o público e convencer os líderes políticos da urgência da situação. É possível controlar a crise climática, mas, para tanto, serão necessários o comprometimento da opinião pública, a pressão política e investimentos imediatos e de vulto em tecnologias de baixo carbono.

COMO CONTROLAR O AQUECIMENTO?

O primeiro passo para controlar o aquecimento e entender o que se passa com o sistema climático do planeta já está dado: basta prestar atenção nos avisos elaborados pelos milhares de cientistas que contribuem para os relatórios da ONU por meio dos estudos do IPCC. A imprensa faz a sua parte ao interpretar esses relatórios, deixando-os acessíveis para um público mais amplo, sem maiores conhecimentos científicos.

O segundo passo é exigir dos políticos que levem a crise climática a sério. Poucos até hoje se empenharam para valer e com eficácia nessa questão. Políticas públicas e medidas econômicas fortes, como impostos e limites sobre a emissão de gases de efeito estufa, serão necessárias para ajudar ou mesmo obrigar as empresas e os governos a reduzirem a produção de CO_2 e metano e fazer a transição para uma nova economia de baixo carbono. Parece complicado, mas em tese não é impossível. A tecnologia necessária para a transição já existe, basta eliminar o uso de combustíveis fósseis, preservar e restaurar as florestas e proteger os oceanos da poluição, dos plásticos e dos gases de efeito estufa. Comer menos carne, sobretudo a de boi, ajudaria também. O ator Harrison Ford, conhecido pelos papéis em filmes hollywoodianos clássicos como Guerra nas Estrelas e Indiana Jones, resume a questão em uma frase. "Parem de votar em candidatos que não acreditam em ciência", disse ele em mais de uma ocasião.

Apresentado dessa forma, o desafio de fazer a transição para uma economia de baixas emissões de gases de efeito estufa não parece tão difícil. E merece ser dito e repetido que o resultado, lá na frente, poderá ser um mundo bem melhor, com menos poluição do ar, mais oportunidades para os menos favorecidos, cidades mais limpas, menos barulhentas, mais simpáticas e fáceis de transitar. Terras indígenas serão preservadas ao redor do planeta, do Ártico à Amazônia, passando pela América do Norte e pela Ásia. Parques e reservas oceânicas serão maiores e mais numerosos. A água dos rios será mais limpa. A relação dos humanos com a natureza será mais próxima e bem resolvida, e tudo isso sem abrir mão dos computadores e das tecnologias avançadas. É nessa direção que as chamadas sustentabilidade e economia de baixo carbono poderão nos levar.

Outra boa notícia é que a tecnologia desse mundo novo não só existe como, segundo um estudo importante de 2021, poderá sair bem mais em conta do que se continuar com as fontes atuais de energia. O uso de eletricidade poderá ser aproveitado para gerar hidrogênio "verde", outro combustível limpo e renovável. No Brasil, a primeira usina de hidrogênio verde, movida por energia eólica e solar, deverá entrar em funcionamento no Ceará até o fim de 2022, de acordo com a subsidiária nacional da empresa portuguesa de energia, EDP.

SE TUDO FOSSE ELETRIFICADO EM BREVE, NÓS ECONOMIZARÍAMOS TRILHÕES

"A rápida descarbonização do sistema energético mundial é crucial para enfrentar a mudança do clima, mas preocupações com o custo da transição montaram barreiras à sua implementação."[5] Assim começa um artigo recente e emocionante de um grupo de economistas ligados a instituições de muito prestígio, como a Universidade de Oxford e o Instituto Santa Fé. Segundo os pesquisadores, a ideia de que a transição energética vai custar muito caro é falaciosa. Na verdade, sairá mais barato eletrificar tudo que continuar com a tecnologia atual, baseada em combustíveis fósseis.

Ao contrário do que dizem economistas mais tradicionais (e o bilionário Bill Gates), esses estudiosos de Oxford chegaram à conclusão de que quanto antes trocarmos o uso de combustíveis fósseis por energias solar, eólica, dos oceanos e hidrogênio verde mais barata será a transição. E a diferença não é pouca coisa. Descrevem economias de "muitos trilhões" de dólares. E isso sem levar em conta os custos dos impactos climáticos, como cidades inundadas ou safras prejudicadas. A economia de "muitos" trilhões de dólares será tão somente com combustíveis, com o que deixaremos de pagar em gasolina, diesel, carvão e gás. Ou seja, não há mais desculpas para retardar a transição para uma economia de baixo carbono. Podemos evitar o pior do aquecimento global e ainda economizar muito dinheiro.

COMO ASSIM?

Os custos da troca de tecnologias serão amplamente compensados pela economia com combustíveis. O mundo hoje está perto de consumir 100 milhões de barris de petróleo processado por dia! Cada barril rende mais de 100 litros de combustíveis e outros derivados, divididos entre gasolina (45%), diesel, combustível de aviação e plásticos. É uma quantidade difícil de imaginar. São, por exemplo, centenas de milhões de litros de gasolina queimadas no planeta diariamente, gerando bilhões de pequenas explosões dentro dos motores dos mais de 1,4 bilhão de carros no mundo.

Os caminhões, os automóveis e os ônibus terão que ser trocados por veículos menos poluentes, elétricos em sua maioria, dentro de pouco tempo. Precisaremos, inclusive, de mais transportes coletivos e menos automóveis individuais e aviões de um modo geral. A urgência dessa troca já foi reconhecida por diversos governos: o Reino Unido proibiu a venda de automóveis e vans a gasolina e diesel a partir de 2030 (e híbridos em 2035). A Califórnia e outros doze estados nos Estados Unidos devem exigir algo semelhante com data limite de 2035. O Canadá segue na mesma rota, como muitos países europeus. Na Noruega, calcula-se que todos os carros vendidos já em 2022 devem ser elétricos. O maior consumidor de veículos elétricos no mundo hoje é a China, com vendas de 1,3 milhão no ano de 2020 e mais de quatrocentos modelos diferentes. Outra boa notícia é que essa gigantesca troca de tecnologias deve gerar empregos e riqueza. Em 2020, o primeiro-ministro do Reino Unido, Boris Johnson, afirmou que a proibição da venda de veículos a gasolina e diesel poderá resultar em 250 mil novos empregos. Para frear o aquecimento, transformações semelhantes terão que ocorrer em outros setores da economia, que vão da agricultura e da pecuária à construção civil e, sobretudo, à geração de energia elétrica. Haverá muito trabalho na preservação e na restauração de ecossistemas, florestas e recifes de corais. Por exemplo, a criação de corais em terra vem sendo feita para que se possa plantá-lo, futuramente, nos oceanos, o que acelera em até cinquenta vezes a capacidade de reprodução da planta, fundamental para os ecossistemas aquáticos. A vida nos oceanos é essencial para retirar o CO_2 da atmosfera, sendo um elo básico no sistema climático. Os oceanos são um dos pulmões do planeta, o de maior capacidade.

Há outro projeto oceânico, ambicioso, mas que já conta com a adesão de dezenas de países, cuja meta é proteger 30% dos oceanos até 2030. Hoje, as áreas de alta proteção marinha correspondem a apenas 2,7% dos oceanos, enquanto cerca de 7% conta com um grau menor de proteção. Na prática, proteger os oceanos significa criar áreas de conservação onde a pesca, a mineração e até a presença humana são proibidas ou ao menos reguladas e monitoradas.

Embora ambicioso, o projeto ganha adeptos, como os Estados Unidos e a França, pela eficácia já comprovada. Segundo um estudo publicado na revista científica *Nature*, em 2021, a proteção de 30% dos oceanos sequestraria CO_2 da atmosfera, geraria um ganho imenso de biodiversidade, aumentando muito e rapidamente os estoques de peixes mesmo fora das zonas de conservação. Os pescadores e as empresas de pesca ganhariam junto com o meio ambiente.

A transição para energia limpa, a conservação dos oceanos e florestas, a promoção de justiça climática, um urbanismo menos desigual e sem tantos automóveis e novas formas de agricultura e produção de carne são algumas das medidas mais óbvias e urgentes. Mas o combate ao aquecimento global abre uma brecha para se repensar todo o nosso sistema de produção e convivência em sociedade. O céu é o limite.

Nenhuma urgência em relação às medidas de combate ao aquecimento global pode ser considerada exagero. Verdade seja dita, a transição energética, a conservação e a restauração de florestas e dos oceanos deveriam ter sido iniciadas com financiamento e apoio político robustos há décadas, quando se confirmou a gravidade da mudança climática em curso. Estaríamos em situação menos estressante hoje em termos econômicos e ambientais.

Estamos atrasados, mas ainda dá tempo de nos adaptar a um novo estilo de vida e frear as mudanças antes de saírem do controle, de acordo com os estudos do IPCC. Há um ditado chinês que se encaixa muito bem a este momento: "O melhor momento para plantar uma árvore é vinte anos atrás; o segundo melhor momento é hoje".

O QUE EU POSSO FAZER PELO CLIMA?

Uma das perguntas que as pessoas mais fazem ao descobrir a urgência da questão climática é "O que eu posso fazer para ajudar a combater a crise climática?". A resposta não é fácil, na verdade, e é ambígua: muito e pouco. Como o próprio nome já diz, a questão do aquecimento global é de dimensão planetária, muito maior do que qualquer indivíduo, e exige a cooperação de povos e nações.

Mas você pode contribuir reduzindo sua "pegada de carbono" individual. Os gases de efeito estufa que você emite quando anda de automóvel, avião ou come carne de boi têm pouco ou nenhum impacto no clima, para ser sincero. Não custa lembrar que uma das primeiras calculadoras de pegada de carbono individual foi popularizada pela empresa de petróleo BP, em 2006, como parte de uma campanha de relações públicas nefasta, que visava repassar sua enorme responsabilidade (já que ganha bilhões de dólares com a comercialização de um dos combustíveis que mais polui a atmosfera) para os indivíduos, que não têm culpa de ter nascido em um mundo movido a combustíveis fósseis.

Dito isso, é animador reconhecer que escolhas individuais têm, sim, um valor na luta contra o aquecimento, na medida em que sinalizam aos amigos, aos parentes, às empresas e aos políticos a sua determinação e sua vontade de contribuir e fazer parte de uma mudança de paradigma. Visto dessa forma, diversas ações contribuem: comer menos carne ou se tornar vegetariano, andar de transporte público, a pé ou de bicicleta sempre que possível, plantar hortas e árvores, e apoiar financeiramente ou, melhor ainda, fazer parte de movimentos ativistas como Greenpeace, Fridays for Future, Engajamundo, 350.org ou outros. Quanto mais tempo passo no ativismo mais importante me parece, do ponto de vista individual, fazer parte de comunidades ativistas pelo clima. Comunidades geram empolgação, solidariedade, companhia e foco. Ajudam a enfrentar o medo e a ansiedade climática, contribuindo para o bem-estar de quem se preocupa com a emergência climática. Siga sites dedicados ao assunto, como @clima.info, @observatoriodoclima e @fervuranoclima (onde trabalho) — você vai encontrar outros nomes no capítulo 8 deste livro. Votar em candidatos comprometidos com a causa climática é fundamental, e, em último caso, pode ser interessante fazer campanha para um candidato a cargo público ou quem sabe estudar a possibilidade de você mesmo se candidatar. Se não for eleito, terá ao menos colocado a crise do clima em debate, e, caso se eleja, poderá ter um impacto mais direto na legislação para controlar o aquecimento, por que não? É urgente levar as questões climáticas para todos os níveis de governo.

De modo geral, o grande valor da ação individual está na divulgação da causa e não na economia de suas próprias emissões. Quando Greta Thunberg atravessou o oceano Atlântico para ir à reunião da ONU de veleiro, a economia de CO_2, se é que houve, não fez diferença. Avião nenhum deixou de ir de Estocolmo para Nova York por causa dela. Mas o valor simbólico foi gigantesco. Pessoas no mundo inteiro começaram a repensar viagens aéreas provavelmente pela primeira vez, e a própria indústria, não tenho dúvidas, acelerou seus esforços para reduzir suas emissões de gases de efeito estufa. Há um impacto semelhante cada vez que você troca o carro pela bicicleta (elétrica ou não) e discute o motivo com seus colegas.

TAMANHO DE POPULAÇÃO NÃO EXPLICA IMPACTO SOBRE O CLIMA

O crescimento da população mundial nas últimas décadas teve um inegável impacto sobre a biosfera. Entre 1950 e 2020, ela triplicou, subindo de 2,5 bilhões para 7,7 bilhões de pessoas. Não há dúvida de que o acelerado crescimento populacional aumentou a velocidade do aquecimento global e da extinção de espécies naturais. Em 1950, o nível de CO_2 na atmosfera era de 310 ppm, e, em 2021, está acima das 415 ppm. Esse aumento é responsável por um aquecimento na temperatura média próximo a um 1,1°C. De 1970 para cá, a humanidade extinguiu, também, 60% das espécies de pássaros, mamíferos e répteis, o que ameaça seu próprio futuro na Terra. Mas é um erro atribuir igualmente a responsabilidade dessa destruição a toda a população. Estudos cada vez mais precisos mostram que é dos grandes consumidores (os ricos) a responsabilidade desse impacto ambiental. Quanto maior o consumo, mais recursos naturais são utilizados (petróleo, madeira, carvão, água...). Cerca de 50% das emissões de gás carbônico são geradas por quem está entre os 10% dos mais ricos em uma escala mundial. Aquelas que pertencem à primeira porcentagem de riqueza, composta de quem ganha mais de US$ 500 mil por ano, o chamado "1 por cento", são responsáveis por 15% dos gases de efeito estufa emitidos no mundo, enquanto os 50% dos mais pobres, quase 4 bilhões de pessoas, geram apenas 12% das emissões. São estes, como se não bastasse, os que sofrerão os piores impactos do clima.

GEOENGENHARIA

Geoengenharia é o nome dado a tecnologias que modificam os processos naturais da Terra no esforço de diminuir o aquecimento global. Tradicionalmente é dividida em duas categorias. A primeira, conhecida como tecnologias de emissões negativas (ou captura e sequestro de carbono, CCS na sigla em inglês), busca retirar gases de efeito estufa — sobretudo CO_2 — diretamente da atmosfera (ou de chaminés de fábricas) e enterrá-los para sempre debaixo da terra ou reutilizá-los em produtos como combustíveis de foguetes ou mesmo nos refrigerantes gasosos. A maioria dos cientistas considera esse processo desejável e até necessário. Muitos dos modelos de previsões climáticas elaborados pelos cientistas do IPCC pressupõem o uso dessa tecnologia — que , no entanto, ainda não se provou eficaz — na escala necessária para ter impacto significativo. Mas há muitos investimentos e expectativas em CCS, que não deixam de ser polêmicos, é importante frisar, uma vez que podem ser utilizados como desculpa para continuar a queimar carvão, gás e gasolina. Na opinião de muitos ativistas, essas tecnologias, de eficácia ainda não comprovada, não passam de desculpas dadas pela indústria de combustíveis fósseis para deixar tudo do jeito que está.

A segunda categoria de geoengenharia consegue ser ainda mais polêmica. Consiste em tecnologias que visam bloquear os raios solares, refletindo-os de volta para o espaço. O nome dessa tecnologia é "injeção estratosférica". Consiste em usar aviões para jogar partículas reflexivas na estratosfera, justo na altitude em que voam os jatos. A ideia foi inspirada nos vulcões, que fazem isso naturalmente, com efeitos diversos que incluem o esfriamento do clima terrestre durante um ou dois anos. Há muitas objeções à proposta, sobretudo a de que poderá ter impactos imprevistos sobre o clima terrestre, como a mudança brusca do regime de chuvas em diferentes regiões, com prejuízos gigantescos, por exemplo, à agricultura. O argumento a seu favor é que ela poderia esfriar o clima provisoriamente, dando mais tempo à humanidade para fazer a transição energética necessária para manter a temperatura dentro dos padrões pré--industriais. Mesmo os estudiosos do assunto costumam concordar que isso só deve ser tentado no caso de aquecimento extremo. Mas fica a dúvida: quem vai decidir se vamos ou não jogar partículas na estratosfera?

Há ainda outras propostas de geoengenharia, algumas mais ousadas, como espelhos espaciais que refletiriam parte da luz solar de volta ao espaço. E outras mais bem aceitas, como navios que jogariam sal nas nuvens em torno do Ártico para mantê-lo congelado.

O assunto é vasto e certamente vai ganhar cada vez mais destaque no futuro próximo. Na opinião de alguns cientistas, já praticamos a geoengenharia ao colocar tanto CO_2 e metano na atmosfera. O que não justifica, necessariamente, outras intervenções tecnológicas de resultados incertos no clima terrestre. Afinal, não existe planeta B, como diz Greta Thunberg.

JUSTIÇA CLIMÁTICA
E RACISMO AMBIENTAL

Ativistas jovens foram responsáveis por trazer o conceito de justiça climática e racismo ambiental para o centro do debate sobre aquecimento global. Esses conceitos abordam a mudança do clima como uma questão política, racial, legal e ética, e não apenas de ordem científica e ambiental. Significa dar ouvidos e incluir as pessoas mais vulneráveis na discussão sobre como enfrentar as causas e os impactos da emergência climática. Esses grupos vulneráveis vão de minorias raciais, comunidades indígenas, o chamado sul global (Brasil, Índia, África etc.) a mulheres e jovens. Muitos são — e serão — os mais atingidos pela crise do clima e, de um modo geral, também são os que menos emitiram gases de efeito estufa, ou seja, os menos responsáveis por ela.

Um exemplo de grande repercussão foi o caso da ativista ugandense Vanessa Nagate, fundadora dos grupos Youth for Future Africa e Rise Up Movement. No começo de 2020, ela deu uma entrevista coletiva ao lado das ativistas brancas Greta Thunberg, Loukina Tille, Luisa Neubauer e Isabelle Axelsson em Davos, na Suíça. Mas, na reportagem feita pela agência mundial de notícias Associated Press (AP), ela foi cortada tanto do texto como da foto. Apareceram só as ativistas brancas e um braço do seu casaco. Quando Nagate respondeu a um tuíte da AP perguntando o motivo de ter sido cortada da foto, o seu tuíte provocou um "incêndio de críticas e uma conversa internacional sobre cancelamento e diversidade no movimento ambiental", de acordo com uma reportagem publicada no jornal inglês *The Guardian*.[6]

A AP pediu desculpas pelo corte racista, em público e pessoalmente, e trocou a foto, afirmando o compromisso de fazer melhor no futuro.

O conceito de racismo ambiental não é novo. O dr. Robert Bullard, dos EUA, lançou livros sobre o assunto e já militava em prol de um momento climático antirracista nos anos 1970 e 1980. Ele mostrou que grandes fontes de poluição, como lixões e aterros sanitários, usinas termoelétricas de carvão e refinarias de petróleo eram localizados quase sempre próximos a comunidades mais pobres, de minorias raciais e indígenas. Um exemplo brasileiro do fenômeno pode ser visto na ultrapoluída cidade de Cubatão, no litoral paulista.

Os movimentos climáticos mais recentes, como Fridays for Future, Ende Gelände e Extinction Rebellion, retomaram e popularizaram as noções de justiça climática e racismo ambiental nos anos seguintes a 2015, pós-Acordo de Paris. Com isso, conseguiram mostrar a relevância da emergência climática para todos e ajudaram a abrir as portas para a participação de grupos menos favorecidos na luta pelo clima. Ajudaram a difundir o conceito de MAPA: Most Affected People and Areas, ou seja, as áreas e povos mais prejudicados pela crise climática. Nele estão a África, a América Latina, a Índia e as ilhas do Pacífico, além de comunidades vulneráveis como as dos moradores de favelas, as periféricas, as dos indígenas, dos pretos e dos grupos LGBTQIAP+. Um dos exemplos claros é o continente africano, que quase nada contribuiu para a crise do clima, com apenas 3% das emissões ao longo da história, mas será um dos mais impactados, através de secas, tempestades e pandemias de frequência cada vez maior, sobretudo se nada for feito. E como diz o próprio dr. Bullard: "Quando não se protege os menos favorecidos na sua sociedade, todos são colocados em risco".

O ATIVISMO CLIMÁTICO VAI AOS TRIBUNAIS

Processar governos e empresas para garantir o direito a um clima estável vem dando resultados positivos em um número crescente de países. É o que conta a jornalista Jessica Bateman em uma reportagem publicada na BBC no fim de 2021.[7] De acordo com a matéria, entre 1986 e 2014, foram levadas aos tribunais cerca de oitocentas ações de justiça climática no mundo. Depois de 2014, em apenas seis anos, a conta sobe para mais de mil. Alguns casos alcançaram sucesso, outros não; muitos continuam a tramitar nos tribunais.

Entre os casos notáveis estão dois na Holanda. Em um deles, de 2015, os juízes decidiram que o plano governamental de reduzir as emissões de gases de efeito estufa entre 14% e 17% até 2020, em comparação aos níveis de 1990, era ilegal, ou seja, pouco ambicioso à luz da gravidade das ameaças apresentadas pelas mudanças do clima. A justiça holandesa ordenou que a meta fosse aumentada para 25%. Como resultado, o governo holandês fechou uma usina elétrica movida a carvão quatro anos antes do planejado e apresentou um novo plano climático em 2019.

Outra decisão histórica teve lugar na Holanda, tomada pelo Tribunal Distrital de Haia contra a empresa petroleira Royal Dutch Shell. Em 2021, como resultado do processo, a empresa se viu obrigada a reduzir as emissões de gases de efeito estufa em 45% até 2030 (em relação a 1990). A Shell recorreu da decisão, que foi movida pela organização ambiental Friends of the Earth (Milieudefensie). Mas mesmo a decisão em primeira instância obriga a empresa a tomar medidas para cumprir a sentença antes do resultado jurídico final.

Nos Estados Unidos, em 2015, no célebre caso de Juliana vs. United States, 21 jovens entraram com uma ação contra o governo federal para obrigá-lo a tomar medidas que garantissem um clima estável. Entre os jovens está Sophie Kivlehan, neta do climatologista James Hansen. O avô também participa do processo, como "guardião de gerações futuras". Hansen, de quem talvez você se lembre do começo deste livro, é hoje professor na Universidade Columbia, em Nova York. Entre suas publicações há um livro chamado *Tempestades dos meus netos: Mudanças climáticas e as chances de salvar a humanidade* (Senac, 2013). Existe também um documentário muito bom sobre esse processo jurídico, chamado *Juventude pelo clima* (*Youth v Gov*, no original), que pode ser visto na Netflix.

No Brasil, segundo levantamento do escritório de advocacia Mattos Filho, havia 29 litígios climáticos até 16 de maio de 2022. Entre eles, há um de 2021 movido pelo Ministério Público Federal e o o Instituto Nacional de Colonização e Reforma Agrária (Incra) contra uma propriedade rural por desmatamento ilegal e danos ambientais, de acordo com reportagem de Gilmara Santos publicado no jornal *Valor*,[8] que traz dados surpreendentes, como a estimativa de que 1,4 milhão de toneladas de CO_2 foi emitido entre 2011 e 2018 devido ao desmatamento feito pelo réu.

Na mesma reportagem, o economista Carlos Caixeta afirma que, apesar de ainda serem muito recentes em 2022, os questionamentos jurídicos no Brasil devem aumentar no futuro.

Há um consenso entre os ativistas ambientalistas de que a litigância climática não é suficiente por si só para enfrentar o aquecimento global, mas é mais uma ferramenta na luta por um planeta habitável.

7
É PRECISO TRANSFORMAR A AMAZÔNIA PARA SALVÁ-LA

Em novembro de 2021, na COP 26, foi apresentado um trabalho fruto da colaboração de duzentos cientistas de diversos países, o chamado Painel Científico para a Amazônia, ou SPA, na sigla em inglês, sobre a situação atual e as perspectivas para os próximos anos na região. O ecossistema da maior floresta tropical da Terra, diz o relatório, corre o sério risco de ultrapassar um ponto de degradação sem retorno, se é que esse ponto já não foi ultrapassado. Eis a preocupação.

"Esse relatório deixa claro", diz o cientista Boris Sakschewski, do Instituto Potsdam de Pesquisas sobre o Impacto Climático, e um dos autores do documento, "o papel fundamental da floresta Amazônica para toda a humanidade e para o nosso planeta. O conhecimento colecionado nele refuta aqueles que dizem o contrário e também apresenta soluções para evitar sua destruição."[9]

Se duzentos cientistas do mundo todo se juntam numa associação voltada especialmente para analisar e monitorar o futuro da Amazônia, é porque sabem que o futuro do clima na Terra depende da região. O IPCC não é suficiente para essa tarefa, decidiu o grupo de pesquisadores, que inclui brasileiros, como o climatologista Carlos Nobre, e estrangeiros, como o economista estadunidense Jeffrey Sachs, afirmando que a Amazônia é tão importante e ameaçada no curto e médio prazos que precisa de sua própria associação.

Esse grupo de estudiosos chegou à conclusão de que é preciso transformar a economia da região para garantir a vitalidade das florestas, dos rios e dos animais e melhorar a vida dos muitos humanos que residem na região, sejam eles indígenas, ribeirinhos, quilombolas ou não. Quem estuda o sistema climático mundial está preocupado com a Amazônia e todos os seres vivos que habitam nela. O que era uma região isolada e distante se tornou central para o mundo de quem se preocupa com a crise do clima no século XXI.

Jos Barlow, um dos autores do estudo, explica para Jonathan Watts, repórter do jornal *The Guardian*,[10] que, no início deste século, a possibilidade de se iniciar uma espiral da morte (*die back*) na floresta Amazônica "era tida como remota". Os modelos computadorizados de previsão climática já indicavam essa possibilidade, mas tais previsões, de acordo com o pesquisador, eram relativizadas como "resultados de modelos matemáticos hipersensíveis". Ou seja, exageros de climatologistas. Mas, em 2021, quando do lançamento do relatório, continua Barlow, "há provas irrefutáveis de que algumas áreas da Amazônia já atingiram pontos de não retorno, com megaincêndios, aumentos de temperatura, redução da quantidade de chuvas. As transformações ecológicas e sociais severas significam que precisamos repensar urgentemente a região. Não podemos continuar do jeito que está. Este relatório é um passo para esse repensar".

Já Jonathan Watts, repórter veterano, resume o relatório da seguinte maneira: "O que chama a atenção nas centenas de páginas do estudo é a capacidade da Amazônia de sustentar a vida dentro e fora dos limites da floresta pluvial. Diz que novas espécies são descobertas [literalmente] dia sim, dia não. A diversidade de plantas, insetos e animais dá resiliência a ecossistemas locais, desempenha um papel crítico nos ciclos globais de água e regula a variabilidade climática. A bacia Amazônica é responsável pela maior vazão de rios da Terra, algo entre 16% e 22% de toda a água que vai dos rios para os oceanos.

"Outros capítulos descrevem o enfraquecimento dessas funções naturais de importância global, resultado da conversão da floresta em plantações de soja e pastos para gado e da interrupção dos rios por barragens e hidroelétricas. Aproximadamente 17% da Amazônia já foi desmatada, e as florestas de outros 17% do local, degradadas.

"Os autores afirmam que o ponto de não retorno pode ter sido ultrapassado no sudeste da Amazônia e na fronteira entre os estados brasileiros do Maranhão e Pará, onde mais de 70% da floresta tropical já foi degradada e espécies de vida outrora abundantes correm o risco de extinção."

É importante frisar que a floresta Amazônica ainda é gigante e repleta das mais diversas formas de vida. Se fosse localizada nos Estados Unidos, cobriria mais de metade do país. Em 10 000 m² de certos trechos, há mais espécies de árvores do que na Europa. Cerca de 30% das formas de vida conhecida do planeta vivem nela.

As soluções propostas pelos cientistas ocupam um terço do estudo, mais de cem páginas, e focam na transformação da economia da região através da troca do extrativismo e da monocultura de produtos como ouro, gado e soja por outros que brotam da imensa diversidade humana e natural da floresta.

1. Vista aérea da floresta Amazônica.

2. Arara-canindé na Amazônia.

3. Macaco zogue-zogue na Terra Indígena Sawré Muybu, do povo Munduruku, no Pará.

4. Ciganas próximas ao rio Tapajós, na região da Terra Indígena Sawré Muybu, do povo Munduruku, no Pará.

Vivem na Pan-Amazônia, composta de nove países, algo em torno de 38 milhões de pessoas. Na Amazônia Legal, região brasileira que inclui trechos de outros biomas, são 28 milhões de habitantes, a maior parte em centros urbanos. Cerca de 410 povos indígenas distintos, que estão na região há milênios, habitam a Amazônia brasileira, oitenta deles em isolamento voluntário. Sua população é, hoje, de cerca de 400 mil. Estima-se que os primeiros humanos a viver ali, ancestrais dos indígenas de hoje, chegaram da Ásia via estreito de Bering há cerca de 15 mil anos. Quando os portugueses e os espanhóis chegaram à Amazônia, por volta do ano de 1500, a população indígena era de 10 a 12 milhões de habitantes.

De acordo com diversos estudos, quem melhor preserva as florestas amazônicas e seus rios, tanto no passado como no presente, são os povos indígenas, o que os torna ainda mais essenciais para a questão do clima. Eles convivem em relativa harmonia com a natureza do bioma até hoje. As lendas e as visões de mundo dos indígenas enxergam o sagrado nas florestas, nos animais e nos rios dos seus territórios. É por isso que todos os planos para manter as florestas e os rios da região fortes e saudáveis buscam a preservação e demarcação legal dos territórios dos povos originários. O mundo todo tem o que aprender com as tradições e os conhecimentos dos povos que, durante tanto tempo, bem mais do que existe o Brasil, souberam viver em harmonia com a natureza amazônica a seu redor.

Os indígenas acreditam na importância de lutar por seus territórios, sempre ameaçados por garimpeiros, invasores e políticos corruptos. Os indígenas brasileiros, por exemplo, enviaram quarenta representantes à COP 26, sua maior delegação na história das conferências do clima: Sônia Guajajara, Txai Suruí e Juma Xipaia estavam entre os ativistas. Em uma fala memorável da COP, Juma frisou: "É importante dizer que só existe floresta de pé porque temos povos protegendo, zelando e defendendo com suas próprias vidas. Não precisamos somente de fundos e dinheiro, mas de compromisso e respeito".[11]

Na pré-COP 26 dos jovens, de 2021, o comunicador brasileiro e indígena, do povo Terena, do Mato Grosso, Eric Markey, disse que os ativistas europeus têm muito a aprender com os povos nativos sobre a preservação de florestas. "Eles entendem o assunto de forma científica. Nós temos a contribuição da vivência, da ancestralidade no cuidado com a terra, que é o que a Europa precisa entender."[12]

Preservar a Amazônia, sua vida e seu papel no sistema climático da Terra impõe uma mudança de mentalidade, de acordo com os estudiosos e os povos nativos. Será preciso valorizar sobretudo a floresta que está em pé e os rios livres e limpos. Esse é o ponto de partida, mas depende da demarcação e da preservação dos territórios de povos originários e tradicionais, como indígenas, ribeirinhos e quilombolas. Investimentos devem ser feitos em universidades e centros de estudos na floresta para descobrir as melhores maneiras de gerar valor para os habitantes com base na biodiversidade da região, minimizando o impacto da extração de madeira e minerais, da criação de gado e do cultivo de soja. Significa investir em produtos da floresta, como peixes, açaí, castanhas, medicamentos, fragrâncias e turismo de natureza. Talvez menos óbvios, mas não menos importantes, sejam os investimentos em conhecimento. Da mesma forma que se construiu uma economia de alta tecnologia em torno do sistema universitário da Califórnia, por exemplo, será possível criar uma bioeconomia pujante, circular e sustentável na Amazônia, com base em investimentos no conhecimento, tanto o científico como o tradicional. Para tanto, será preciso criar redes de universidades e centros de estudos inovadores.

8
PARA SEGUIR E ACOMPANHAR

Ao longo deste livro, citamos vários jovens ativistas e organizações ambientais que têm protagonizado a luta da emergência climática. Por isso, aqui vai uma lista com nomes que você pode seguir nas redes sociais — acompanhar o trabalho de cada um deles pode ser o seu primeiro passo no ativismo climático.

AMANDA COSTA
⊙ souamandacosta

CÉLIA XAKRIABÁ
⊙ celia.xakriaba

ELLEN MONIELLE
⊙ eco.fada

GRETA THUNBERG
⊙ gretathunberg

MARCELO ROCHA
⊙ nosmarcelorocha

PALOMA COSTA
⊙ pcopaloma

SAMELA SATERÉ-MAWÉ
⊙ sam_sateremawe

SÔNIA GUAJAJARA
⊙ guajajarasonia

TXAI SURUÍ
⊙ txaisurui

VANESSA NAKATE
⊙ vanessanakate1

350.ORG
🅞 350org
www.350.org/pt/

AMAZÔNIA REAL
🅞 amazoniareal

CLIMAINFO
🅞 clima.info
www.climainfo.org.br/

ENGAJAMUNDO
🅞 engajamundo
www.engajamundo.org/

FERVURA NO CLIMA
🅞 fervuranoclima

FRIDAYS FOR FUTURE BRASIL
🅞 fridaysforfuturebrasil
www.fridaysforfuturebrasil.org/

GREENPEACE BRASIL
🅞 greenpeacebrasil
www.greenpeace.org/brasil/

INSTITUTO AYIKA
🅞 institutoayika

INSTITUTO PERIFA SUSTENTÁVEL
🅞 perifasustentavel

ISA
🅞 socioambiental
www.socioambiental.org/pt-br

KANINDÉ
🅞 kanindebrazil
www.povosdaamazonia.com/

LEVANTE INDÍGENA
🅞 levanteindigena

OBSERVATÓRIO DO CLIMA
🅞 observatoriodoclima
www.oc.eco.br/

RISE UP
🅞 riseupmovement1

UM SÓ PLANETA
🅞 um_so_planeta

WORLD OBSERVATORY OF HUMAN AFFAIRS
www.worldobservatory.org/

WWF-BRASIL
🅞 wwfbrasil
www.wwf.org.br/

REFERÊNCIAS BIBLIOGRÁFICAS

1   MCGREAL, Chris. "Big oil and gas kept a dirty secret for decades. Now they may pay the price". Disponível em: <bit.ly/3adht5N>. Acesso em: 26 maio 2022.

2   ROBERTS, David. "The key to tackling climate change: electrify everything". Disponível em: <bit.ly/38MubbB>. Acesso em: 26 maio 2022.

3   "The Nobel Peace Prize 2007". Disponível em: <bit.ly/38Vqd05>. Acesso em: 26 maio 2022.

4   Todas as declarações estão disponíveis em: <bit.ly/3MWVjmT>. Acesso em: 26 maio 2022.

5   WAY, Rupert et al. *Empirically grounded technology forecasts and the energy transition*. Oxford: Oxford University Press, 2021. Disponível em: <bit.ly/39XMWZQ>. Acesso em: 26 maio 2022.

6   EVELYN, Kenya. "'Like I wasn't there': climate activist Vanessa Nakate on being erased from a movement". Disponível em: <bit.ly/3POGaWO>. Acesso em: 26 maio 2022.

7 BATEMAN, Jessica. "Why climate lawsuits are surging". Disponível em: <bbc.in/3bNliiW>. Acesso em: 26 maio 2022.

8 SANTOS, Gilmara. "Justiça agora bate o martelo em casos de defesa do clima contra empresas e governos". Disponível em: <glo.bo/3lNL1tf>. Acesso em: 26 maio 2022.

9 "New report from the Science Panel for the Amazon". Disponível em: <bit.ly/3wOYVBE>. Acesso em: 26 maio 2022.

10 WATTS, Jonathan. "Transform approach to Amazon or it will not survive, warns major report". Disponível em: <bit.ly/3MQgjeY>. Acesso em: 26 maio 2022.

11 GONÇALVES, Marina. "Em evento na COP 26, líderes e artistas indígenas brasileiros pedem mais protagonismo nas decisões". Disponível em: <glo.bo/3LQcVQ2>. Acesso em: 26 maio 2022.

12 BIERNATH, André; FELLET, João. "Ativistas europeus têm muito a aprender com indígenas, diz jovem brasileiro que protestou com Greta". Disponível em: <bbc.in/3NAUHDp>. Acesso em: 26 maio 2022.

SOBRE O LIVRO
E O AUTOR

O objetivo deste livro é contar e explicar um pouco da história recente da crise climática. Escrevi-o pensando em um leitor ou uma leitora jovem, mas quero crer que pode engajar qualquer pessoa interessada em conhecer os fundamentos científicos, soluções e questões políticas que vão definir, nos próximos anos, as batalhas, dramas e possíveis desfechos deste que é o maior desafio da humanidade.

Descobri a mudança climática no começo do século XXI, quando chegou na minha mesa uma reportagem extensa da *National Geographic*, nos Estados Unidos, que me cabia publicar em português no Brasil. As notícias não eram as melhores. Mas a reportagem era fascinante. Explicava com base em pesquisas dos maiores cientistas do mundo o que iria acontecer se as providências corretas não fossem tomadas. Isso faz vinte anos. De lá para cá, quase tudo que os climatologistas previram começou a acontecer. A mudança climática é, de fato, uma questão urgente.

Junto com todo o progresso e a riqueza inédita, a Revolução Industrial trouxe um aumento cumulativo da temperatura da Terra, capaz de desorganizar as chuvas, tempestades, geleiras e estações. Por sorte, ela nos trouxe também a ciência, que vem estudando a mudança do clima com imenso entusiasmo, do alto das montanhas ao fundo do mar, com satélites, navios modernos e supercomputadores.

Hoje, podemos dizer que controlar a mudança climática depende menos da ciência e da tecnologia, que já estão bem adiantadas, e bem mais da política, presa ainda a paradigmas do século passado. Um novo processo político, liderado hoje por jovens ativistas como Greta Thunberg e Vanessa Nakate, indígenas brasileiras como Sônia Guajajara, e políticas como Alexandria Ocasio-Cortez, pode inclusive nos levar a uma convivência humana e a um mundo bem melhores para todos. Minha intenção com este livro é mostrar como isso pode acontecer. Chegou a hora de se organizar para garantir o futuro.

Sou estadunidense, criado na Califórnia. Vim pela primeira vez ao Brasil um pouco por acaso, por meio de um intercâmbio colegial no ano de 1976. Fiz o terceiro colegial em Dourados, no Mato Grosso do Sul. Depois de diversas idas e vindas, acabei me fixando em São Paulo, onde fiz carreira no jornalismo e vivo até hoje. Fui colunista de O *Estado de S. Paulo*, da *Veja SP*, *BandNewsFM* e o editor-chefe da edição nacional da revista *National Geographic* e do site Planeta Sustentável. Sou autor de cinco livros, entre eles *O jeitinho americano* (Realejo, 2010). Hoje me dedico a produzir textos e documentários voltados para sustentabilidade e clima para o World Observatory of Human Affairs e a plataforma virtual @Fervuranoclima, que ajudei a criar.

ÍNDICE REMISSIVO

Números de página em itálico correspondem a imagens ou legendas.

14º Fire Drill Friday, *60*
350.org, 65, 83, 100

Acordo de Paris, 31, 68, 73, 88
Administração Nacional da Aeronáutica e Espaço dos Estados Unidos *ver* NASA
Administração Nacional Oceânica e Atmosférica (NOAA), 11
África, 19, 57, *57*, 87-8
Agência Meteorológica do Japão (JMA), 11
Alasca, 62
Alemanha, 50, 74
Amazônia, 42-3, *43*, 48, 71, 78, 91-3, *94*, 97
Amazônia brasileira, 96
Amazônia Legal, 42, 96
Amazônia Real, 100
Antártica, 32
aquecimento global, 7-8, 11, 13, 18, 20, 22, 25, 27, 29-31, 34, 39, 49, 51, 55, 64, 66, 70-1, 73-4, 79, 82, 84, 87, 90; consequências, 13; controle do, 77; diminuição do, 85; estudos financiados por empresas de petróleo, 24; relatórios de, 19, 29, 31, *33*, 34-5, *36*, 73-5, 91-2; tratado de Paris contra o, 18; valor das escolhas individuais no combate ao, 83
arara-canindé, *94*
Artaxo, Paulo, 26-7
Ártico, derretimento da permafrost, 71
Articulação dos Povos Indígenas do Brasil (APIB), 48
Asperger, síndrome de, 51
Associated Press (AP), 87
Astrini, Marcio, 46
aterros sanitários, 88

ativismo climático/ativistas, 16, 25, 32, 40, 46, *47*, 48, 50-5, *60*, 61-66, 72, 75-6, 83, 85, 87-8, 90, 97, 99, 102; e minorias, 61; morte de defensores do meio ambiente no Brasil, 46
Axelsson, Isabelle, 87
Azevedo, Ted de Tasso, 47

bacia Amazônica, 93
baixo carbono, economia de, 60-1, 65, 67-8, 77-9
Barlow, Jos, 92
barragens, 44, 93
Bateman, Jessica, 88
BBC, 88, 104
Bélgica, 74
Belo Monte, 44
Ben & Jerry's, 40
Berkeley Earth, *12*
Biden, Joe, 62-4, 66
Big Bang Theory, The, 37
biodiversidade, 46, 81, 97
bioeconomia, 98
Bobov Dol, usina termelétrica em, *16*
Bohr, Niels, 35
Bolsonaro, Jair Messias, 18, 35, 38, 43, 45-6, 49
Brasil, 9, 13, 17-8, 26, 30, 32, 38, 40-3, 45-6, 48, *49*, 50, 54, 62, 68-70, 78, 87, 90, 96, 102-3
Brundtland, Gro Harlem, 39
Buckeridge, Marcos, 26
"Build Back Better Plan", 64
Bulgária, *16*
Bullard, Robert, 87-8
Bush, George W., 31
Bustamante, Mercedes, 26

Caixeta, Carlos, 90
Canadá, 32, *52*, 62, 68-70, 74, 80
Carbon Brief, 29
carbono zero, 61
carne, 17, 64, 77, 83; alternativas para a produção de, 65, 81
carvão, 16-8, 21, 24, 30, 55, 79, 85, 88-9
CCS (captura e sequestro de carbono), 85
Ceará, 78
CFCs (clorofluorcarbonetos), 39
Chile, 53
China, 32, 50, 68-70, 74, 80
chuvas, 13, 16, 36, 70, 86, 92, 104
Ciclomáticos, 54
Circle, site, 63
ClimaInfo, 100
Clinton, Bill, 27
CNN, 73
CO_2, 20-4, *22*, 33, 37, 42, 52-3, 66, 77, 81, 84-6, 90
Collor de Mello, Fernando, 40
colonialismo, 69
combustíveis fósseis, 17, *22*, 24-5, 54-5, 64-5, 74, 77, 79, 83, 86; desinvestimento em, 54
comunidades indígenas, 42, 46, 49, 87
comunidades quilombolas, 46, 62
Confalonieri, Ulisses, 26
Conferência das Nações Unidas sobre Meio Ambiente, 40
Conselho Brasileiro de Desenvolvimento Sustentável (CEBDS), 41
Convenção-Quadro das Nações Unidas sobre a Mudança do Clima (UNFCCC), 29
COPs, 51, 53, *76*, 91, 96

Coreia do Sul, *36*
Corrêa do Lago, André, 38
Costa, Amanda, 54, 99
Costa, Paloma, 54, 99
covid-19, pandemia de, 15, 18, 45, 48, 62, 64, 71
Cubatão, 88

degradação ambiental, em 1992, 41
Democrata, partido, 55, 63-4
descarbonização, 76, 79
desenvolvimento sustentável, 30, 38-9, 42, 46
desmatamento, 21-2, 30, 41-3, 46, 50, 69, 71, 90; promovido pela ditadura militar, 38
desmatamento, maior responsável pelas emissões de gases de efeito estufa no Brasil, 50
Diffenbaugh, Noah, 69
Dubeux, Carolina, 26

ECO-92, 30, *30*, 40-1, 43
ecossistemas, 31, 35, 81, 93
EDP (subsidiária portuguesa de energia), 78
efeito estufa, 13, 17, 20-2, *23*, 25, 29, 31-2, 34-5, 37, 39, 42, 50-1, 61, 63, 65-6, 68-9, 71, 73-4, 77-8, 82, 84-5, 87, 89
eletrificação, 25-6
emissões negativas, tecnologias de, 85
Ende Gelände, 88
energia(s): elétrica, 24-5, 81; eólica, 24, 54-5, 65, 78-9; geração de, 50, 81; limpa, 44, 81; reno-

váveis, 24, 64-5; solar, 13, 79; verdes, 54
Engajamundo, 54, 83, 100
Escócia, *57*
Espanha, 53
Esso Atlantic, navio, 24
Estados Unidos, 11, *12*, 16-7, *20*, 27, 31-2, 50, 53-4, *58*, 60, *60*, 62-6, 68-9, 74, 80-1, 89, 92-3, 102
Ethos, 41
Extinction Rebellion, 88
extrativismo, 93
Exxon, empresa de petróleo, 24

Fervura no Clima, 100
Financial Times, The, 73
Fiocruz, 26
floresta Amazônica, 17, 70, 91-3, 96; ameaças à, 38; savanização da, 71; vista aérea, *94*
florestas, 27, 37-8, 40-1, 65, 81, 92-3; conservação e restauro de, 77, 81-2, 97; desmatamento de, 21
Fonda, Jane, *60*
fontes "antropogênicas", 23
Ford, Harrison, 77
Fórum Econômico Mundial, 52
França, 68, 70, 81
Fridays for Future, 48, *56-7*, 65, 83, 88, 100
Friends of the Earth (Milieudefensie), 89
Fundo Amazônia, 43

gado, 22, 71-2, 93, 97
garimpeiros, 48, 96

gás, 17, 18, 21-2, 25, 55, 62, 79, 85
Gates, Bill, 79
geleiras, 33, 37, 73, 102; derretimento de, 32
geoengenharia, 85-6
geração Greta, 76
geração Z, 54
Global Climate Change, *22*
Globo, O, 73
Goddard Institute for Space Studies da NASA, 17
Gore, Al, 27
Green New Deal, 55, *60*, 61, 63-5
Green Schools Project, 54
Greenpeace, 9, 30, 41, 46, *47*, 65, 83, 100; ativistas do, *36*
"Greve escolar pelo clima", 51
Greve Global pelo Clima em Bangkok, *57*
Greve Global pelo Clima, *58*
grileiros, 48
Groenlândia, 32, 73
Guajajara, Sônia, 48, *49*, 96-7, 99, 102
Guardian, The, 24, 87, 92
Guerra nas Estrelas, série de filmes, 78

Hansen, James, 17, 25, 89
Harari, Yuval Noah, 72
hidroelétricas, 93
hidrogênio "verde", 78-9
Holanda, 89

Ibama *ver* Instituto Brasileiro do Meio Ambiente e dos Recursos Naturais Renováveis
ICMBio *ver* Instituto Chico Mendes

de Conservação da Biodiviersidade
Imaflora *ver* Instituto de Manejo e Certificação Florestal e Agrícola
incêndios florestais, 48, 50, 54, 74: megaincêndios, 92
Índia, 50, 68-70, 87-8
Indiana Jones, série de filmes, *17*, 78
indígenas, 44-5, 48, *49*, 76, 78, 88, 92, 96-7, 102, 104
Indigenous Climate Action (Ação Climática Indígena), *76*
Indigenous Environmental Network (Rede Ambiental Indígena), *76*
Indonésia, 57, 70
"injeção estratosférica", 86
Instituto Ayika, 100
Instituto Brasileiro do Meio Ambiente e dos Recursos Naturais Renováveis (Ibama), 42, 46
Instituto Chico Mendes de Conservação da Biodiversidade (ICMBio), 42, 46
Instituto de Manejo e Certificação Florestal e Agrícola (Imaflora), 40, 46-7
Instituto de Tecnologia da Califórnia, 37
Instituto Nacional de Pesquisas Espaciais (INPE), 26, 41
Instituto Perifa Sustentável, 54, 100
Instituto Potsdam de Pesquisas sobre o Impacto Climático, 91
Instituto Santa Fé, 79
Intergovernmental Panel on Climate Change (IPCC), *ver* Painel In-

tergovernamental de Mudança Climática
ISA, 54, 100

Japão, 11, 50, 68-9
Johnson, Boris, 80
Juliana *vs.* United States, caso, 89
justiça climática, 54-5, 62, 81, 87-8
Juventude pelo clima (*Youth v Gov*), documentário, 89

Kanindé, 100
Keeling, Charles David, 37
Keystone XL, oleoduto, 62
Kiribati, ilha, 32
Kivlehan, Sophie, 89
Krug, Thelma, 26

Levante Indígena, 100
lixões, 87
Lula da Silva, Luís Inácio, 42

Macaco zogue-zogue, *95*
MAPA: Most Affected People and Areas, 88
Maranhão, 93
Markey, Ed, 61
Markey, Eric, 97
Marrocos, *57*
Marshall, ilha, 32
Mattos Filho, escritório de advocacia, 90
Mauna Loa (Havaí), observatório de, 37
Mendes, Chico, 42
Met Office, 11, *12*
metano, 20, 22, 77, 86
Minc, Carlos, 42

mineração desregrada, 71
Molina, Mário, 39
Monde, Le, 73
Monielle, Ellen, 99
monocultura, 71, 93
movimento climático, 51-2, 54
Movimento da Juventude indígena, 54
movimentos pretos e antirracistas, 62; *ver também* racismo; racismo ambiental
mudança climática, 13, 27, 32, 53, *56, 60,* 63, 74, 82, 102
Munduruku, povo, 95

Nagate, Vanessa, 87
Nairóbi, 19, 26, 34
Nakate, Vanessa, 54, 99, 102, 104
NASA, 11, 17, 22, *22*
National Geographic, 102-3
Nature, revista, 81
"negacionistas", 18
Neubauer, Luisa, 87
New Deal, 61
New York Times, The, 18
Nigéria, 69
Nobre, Carlos, 26, 41, 71, 92
Noruega, 39, 69-70, 80
notícias falsas, 18
Nova York, 16, 52, 55, 84, 89

Observatório do Clima, 45-6, 100
Ocasio-Cortez, Alexandra, 55, 60-1, 102
oceanos, 24, 32, 37, 77, 79, 81-2, 93
Omar, Ilhan, 55
Organização das Nações Unidas (ONU), 19, 26, 29, 31, 34, 38,

41, 52, 54, 74, 84; *ver também* IPCC

Organização Meteorológica Mundial (OMM), 25

organizações ambientais, 99

Ossoff, John, 65

ouro, 26, 71, 93

ozônio, 7, 39

Pacífico, oceano, 37, 88

Painel Científico para a Amazônia (SPA), 91

Painel Intergovernamental sobre Mudanças Climáticas [Intergovernmental Panel on Climate Change] (IPCC), 11, 19, 25-7, 29, 31, 35, *36*, 41, 61, 70, 73-5, 77, 82, 85, 91: prêmio nobel da paz, 26

Palmieri, Roberto, 40

Pan-Amazônia, 96

pandemia, 15, 37, 45, 48, 62, 64, 71-2

Pantanal, *47*

Pará, *44*, 93, 95

Paris, tratado de, 18

"Pátria Queimada, Brasil", *47*

Parque Nacional do Juruena, *75*

pecuária, 22, 30, 81

"pegada de carbono", 50, 82

Pelosi, Nancy, 55

permafrost, 71

petróleo, 17-8, 21-2, 24, 30, 55, 62, 72, 80, 83, 85, 88

Piatto, Marina, 46

pobreza, 65, 69

Polônia, 51

povos indígenas, 40, *49*, 62, 69, 74, 96

Prakash, Varshini, 63

pré-COP 26, 97

Pressley, Ayanna, 55

Programa das Nações Unidas para o Meio Ambiente, 25

projeto oceânico, 81

Protesto, 58

Protocolo de Kyoto, 31

Protocolo de Montreal, 39

quilombolas, 92, 97

racismo, 64-5, 72; ambiental, 87-8; momento climático antirracista, 87

Rainbow Warrior, navio, *30*

raios solares, bloqueio dos, 86

recifes de corais, 81

redes sociais: influência na opinião pública mundial, 53, 66; organizações ambientais e ativistas, 99-100

Reino Unido, 11, 70, 80

República Tcheca, *57*

Republicano, partido, 64

Revolução Industrial, 19-21, 32-3, 102

ribeirinhos, 92, 97

Ribeiro, Suzana Kahn, 26

Rio de Janeiro, 16, 26, 29-30, 38, 40

Rio Earth Summit, 30

Rio-92, 30, *30*, 38-41, 53

Rise Up Movement, 87, 100

Roberts, David, 25

Rocha, Marcelo, 99

Rolling Stone, revista, 55

Roosevelt, Franklin, 61

Rosa, Luiz Pinguelli, 26

Rousseff, Dilma, impeachment de, 44-5
Rowland, Frank Sherwood, 39
Royal Dutch Shell, 89
Rússia, 32, 50

Sachs, Jeffrey, 92
"sacrifícios necessários", 64
Sakszewski, Boris, 91
Salles, Ricardo, 45
Sanders, Bernie, 63
Santos, Gilmara, 90
São Paulo, 26, 54, *58*, 103
Sateré-Mawé, Samela, 99
savanização, processo de, 71
Sawré Muybu, terra indígena, 95, *95*
Schwarzenegger, Arnold, 53
Serviço Florestal Brasileiro, 42, *47*
Silva, Marina, 42
soja, 71, 93, 97
SOS Mata Atlântica, 41
SPA (Painel Científico para a Amazônia), 91
Sudão, 70
Suécia, 50, 69-70
Suíça, 52, 87
Sunrise Movement, 54-5, 60-1, 63-5
superfície terrestre, temperatura anual da, *20*
suruí, etnia, 54
Suruí, Txai, 54, 97, 99
sustentabilidade, 40-1, 78, 103
Suzuki, Severn Cullis-, 53

Tailândia, *57*
Tapajós, rio, *95*
tecnologias, troca de, 80

Teixeira, Isabella, 42
temperatura global, cálculo do aumento da, 12
temperatura média global, *12*
Tempestades dos meus netos: Mudanças climáticas e as chances de salvar a humanidade (Jansen), 89
Terena, povo, 97
termômetros, leituras de, 11
Terra Indígena Apiaká do Pontal e Isolados, *75*
Terras Indígenas, demarcação de, 42
Thunberg, Greta, 48, 50-4, *52*, 62, 71, 84, 86-7, 99, 102
Tille, Loukina, 87
Tlaib, Rashida, 55
transição energética, 79, 82, 86
transporte, 50; público, 65, 83
Tribunal Distrital de Haia, 89
Trump, Donald, 18, 53, 62-3, 66, 68

Uganda, 54
Uma verdade inconveniente, documentário, 27
Um Só Planeta, 100
UNFCCC (Convenção-Quadro das Nações Unidas sobre a Mudança do Clima), 40
Universidade da Califórnia, 39
Universidade de Brasília, 26, 54
Universidade Columbia, 89
Universidade de Oxford, 79
Universidade de São Paulo, 26-7
Universidade de Stanford, 69
Universidade Federal do Rio de Janeiro, 26

Universidade Tufts, 63
USA Today, 73
Usina Hidrelétrica de Belo Monte, *44*
Usina termelétrica, *16*

Valor, jornal, 90
Vanuatu, ilha, 32
veganismo, 65
vegetarianismo, 65
veículos elétricos, 80
Vox, site, 25

Warnock, Raphael, 65

Washington, protesto em, *58*
Watts, Jonathan, 92
Weber, Evan, 63
World Business Council for Sustainable Development, 41
World Observatory of Human Affairs, 100
WWF Brasil, 100

Xakriabá, Célia, 99
Xingu, rio, 44
Xipaia, Juma, 97

Youth for Future Africa, 54, 87

CRÉDITOS DAS IMAGENS

p. 16: Ivan Donchev/ Greenpeace

p. 30: Steve Morgan/ Greenpeace

p. 36: Jung Taekyong/ Greenpeace

p. 44: Fábio Nascimento/ Greenpeace

p. 47: Christian Braga/ Greenpeace

p. 49: Mídia NINJA

p. 52: Toma Iczkovits/ Greenpeace

p. 56: Petr Zewlakk Vrabec/ Greenpeace (acima); Photograph by Fixerfilm/ Greenpeace (abaixo)

p. 57: Chadi Ilias/ Greenpeace (acima); Chanklang Kanthong (ao centro); Afriadi Hikmal/ Greenpeace (abaixo à esquerda); Jeremy Sutton-Hibbert (abaixo à direita)

p. 58: Barbara Veiga

p. 59: Thomas Mendel (acima); Tim Aubry/ Greenpeace (abaixo)

p. 60: Tim Aubry/ Greenpeace

p. 75: Victor Moriyama/ Greenpeace

p. 76: Bianka Csenki/ Greenpeace

p. 94: Rogério Assis/ Greenpeace (acima); Daniel Beltrá/ Greenpeace (abaixo)

p. 95: Valdemir Cunha/ Greenpeace

ESTA OBRA FOI COMPOSTA POR OSMANE GARCIA FILHO EM CHARTER E
MR EAVES SAN E IMPRESSA PELA GRÁFICA PAYM EM OFSETE SOBRE PAPEL PÓLEN
BOLD DA SUZANO S.A. PARA A EDITORA SCHWARCZ EM AGOSTO DE 2022

A marca FSC® é a garantia de que a madeira utilizada na fabricação do papel deste livro provém de florestas que foram gerenciadas de maneira ambientalmente correta, socialmente justa e economicamente viável, além de outras fontes de origem controlada.